All In One
Bible Study Series

올인원
성경공부
시리즈
1

올인원

사도신경

세움북스는 기독교 가치관으로 교회와 성도를 건강하게 세우는 바른 책을 만들어 갑니다.

올인원All In One 성경공부 시리즈 1

올인원 사도신경

초판 1쇄 발행 2018년 7월 30일
초판 3쇄 발행 2021년 9월 10일

지은이 | 권 율
펴낸이 | 강인구

펴낸곳 | 세움북스
등 록 | 제2014-000144호
주 소 | 서울시 마포구 양화로 78, 502호(서교동, 서교빌딩)
전 화 | 02-3144-3500
팩 스 | 02-6008-5712
이메일 | cdgn@daum.net

교 정 | 이윤경
디자인 | 참디자인

ISBN 979-11-87025-31-3 (03230)

All In One
Bible Study Series
1

올인원

사도신경

권율 지음

세움북스

추천사

자주 만나지 못해도 늘 마음에 있는 사람이 있다. 그의 글을 읽으면 기대가 된다. 앞으로 어떻게 주님이 사용하실까? 어디까지 달려갈까? 가서 어떤 푯대를 향해 꽂힐까? 그 젊음이 부럽고 더 치열하게 살지 못한 나의 지난 세월이 아쉽다. 늘 지켜보면서 마음에 둔 후배 목사가 정말 귀한 책을 냈다. 다들 암송하고 익히 안다고 생각하지만, 정말 제대로 알지 못하는 우리의 신앙고백인 사도신경을 원어부터 알뜰히 살펴서 디자인도 예쁜 책으로 펴냈다. 성도들의 신앙을 견고하게 세우기 위해 꼭 필요한 책이라고 믿어 필히 일독을 권한다.

권오헌 목사 (서울시민교회 담임)

권율 목사는 성경과 역사에 박식할 뿐만 아니라 교회와 현실에 대한 깊은 혜안을 가지고 있어서 많은 이들이 그를 주목하고 있다. 따라서 그가 이번에 출간한 『올인원 사도신경』 역시 상당히 기대하게 한다. 나는 이 책의 원고를 읽으면서 너무나 기쁘고 감사했다. 이 책이 한국교회에 상당한 공헌을 할 것으로 생각한다. 우리가 사도신경을 매주 고백하지만, 그 의미를 인지하지 못한 채 그저 주문 외우듯이 하는 경우가 많기에, 권 목사의 책은 큰 도움을 준다. 이 책은 총 4강의 사도신경 강해로 구성되어 있으며, 각 장은 4단계(내용 한눈에 보기, 내용 연구하기, 내용 확인하기, 삶에 적용하기)로 이루어져 있어서 효율적이면서도 체계적으로 배울 수 있게 한다. 권 목사는 사도신경의 원 의미를 파악하고 여러 신뢰할 만한 연구서들을 참고하여 그 정확하고도 풍요로운 의미를 가르쳐 준다. 이 책은 그룹 성경공부용으로 사용하기에 적합하며, 혼자 읽으면서 공부하기에도 안성맞춤이다. 내용에 깊이가 있으면서도 이해하기 쉽게 기술되어 있어서 기존 신자는 물론이고 새 신자에게 선물해도 좋다. 필시 이 책을 읽고 나면 사도신경을 고백할 때 이전과 다른 느낌이 들 것이다. 이에 나는 이 책을 적극적으로 추천한다.

황원하 목사 (대구 산성교회 담임, 『응답하라 신약성경』 저자)

성도는 마땅히 사도신경과 주기도문 그리고 십계명에 관해 자신의 언어로 정리하고 있어야 한다는 생각이 있었기에 다양한 방법으로 이 주제를 공부했고, 여러 방식으로 가르치기도 했다. 그러던 중 사도신경을 함께 공부할 수 있는 교재가, 웨스트민스터 소교리문답을 가장 원문 그대로 번역했다는 평가를 받는 권율 목사의 손에 쓰여지고 있다는 소식을 들었다. 기대를 가지고 책의 원고를 읽었고, 다 읽고 난 지금 소감은 내가 오랫동안 찾던 '그 책'이 바로 '이 책'이라는 것이다.

저자는 훌륭한 여행 안내자 같다. 하나의 주제를 설명하기, 사용할 논리를 '내용 한눈에 보기'를 통해 약도처럼 독자의 손에 들려준다. '내용 연구하기'에서는 이 오래된 신앙고백 속을 독자와 함께 걷는다. 너무 부족하지도 너무 과하지도 않게 독자와 함께 걸으며, 마땅히 들어야 할 것, 보아야 할 것을 듣고 보게 한다. 익숙해서 스쳐지나갈 수 있는 것들 속에 있는 보물을 조명하고 소개하며 그 의미들을 들려준다. 한 주제에 대한 여행이 끝나면, 독자들이 여행을 바르게 했는지, 꼭 봐야 하는 것들을 봤는지 확인하는 집요함으로 '내용 확인하기'를 통해 질문한다. 그리고 '삶에 적용하기'를 통해 기독교의 진리가 우리의 일상이 삶 가운데 어떻게 적용될 수 있을지를 나누게 한다. 친절하고 유능한 여행 안내자인 저자 덕분에, 기독교 역사상 가장 중요한 주제 속을 즐겁고 유익하게 거닐 수 있었다. 이 주제를 살펴보기 원하는 모든 분들에게 안심하고 추천할 수 있는 좋은 책이다.

조영민 목사 (나눔교회 담임, 『룻기, 읽는 설교』, 『교회를 사랑합니다』 저자)

교회는 모든 일의 중심에 예배가 있다. 예배 가운데 믿음의 핵심 내용인 신앙고백(사도신경)과 주님이 가르쳐 주신 기도(주기도문)를 늘 암송한다. 사도신경의 내용과 의미, 가치에 대한 정확한 이해는 보다 더 풍성한 인격적인 예배로 우리를 인도한다. 성도는 하나님 나라의 백성으로서 무엇을 믿고 소망해야 하는지, 무엇을 고백하고 어떻게 살아가야 하는지를 분명하게 인식해야 한다. 이처럼 신앙고백에 대한 이해는 삶과 신앙의 일치감을 가져다준다.

사도신경에 대한 책은 이미 여러 형식으로 많이 나와 있지만, 성도들의 다양한 연령과 개성과 독서력을 고려한다면 여전히 새로운 책이 필요하다. 이 책의 강점은, 분량이 많지 않아 부담 없이 어디서나 들고 읽을 수 있고, 함께 나누기에 유익하다는 것이다. 어렵게 설명하기보다 핵심적인 내용을 압축해서 정리한 글이라 독서가 익숙하지 않은 사람들도 소화할 수 있다. 책에서 함께 제공하는 질문들은, 내용을 확인하는 것에 그치지 않고 성도의 현실적 신앙을 돌아보고 반성하게까지 하니 참 유익할 것으로 기대된다. 참신한 구성이 돋보이는 본서를 적극 추천한다.

서자선 집사 (광현교회, 독서 및 교리교육 전문가)

들어가는 말

사도신경을 공예배 때 암송하며 감격해 본 경험이 있습니까? 그 안에 담긴 우리의 신앙고백이 삼위 하나님께로부터 왔다는 사실에 감사하며, 그리스도와의 연합과 교회의 하나 됨을 깊이 인식하고 있습니까? 그리스도를 믿는 성도라면 누구나 사도신경을 암송하고 있을 것입니다. 그런데 자동반사적으로 암송하는 내용일수록 아이러니하게도 그 의미를 놓치는 경우가 많습니다. 사도신경을 대하는 우리의 태도가 혹시 그런 상태일지도 모릅니다.

그래서 저는 성도들에게 사도신경을 강해하기로 마음먹었습니다. 신학의 좌소(座所)인 설교단에서 하나님의 말씀으로 '들려주어야겠다'는 생각이 들었습니다. 그렇기 때문에 지나친 학적인 논쟁을 피하고, 정통 개혁신학의 관점에서 쉬우면서도 간결한 내용으로 설교하게 되었습니다.

주일 오후예배 때 4주에 걸쳐 설교한 내용을 한 권의 책으로 묶은 것이 바로『올인원 사도신경』입니다. 그래서 이 책의 일차적인 목표는 사도신경의 의미를 하나님의 말씀으로 '들리게 하는 것'입니다. 사도신경에 담긴 우리의 신앙고백 내용이 하나님께로부터 온 것임을 깨닫게 하려는 설교자의 의도입니다. 물론 지면으로 독자들에게 다가가기 때문에, 들리는 설교라기보다 '읽는 설교'로서의 기능을 감당할 것입니다.

더욱이 이 책은 30분짜리 설교 원고 4회분을 엮은 것이기 때문에 분량이 많지 않습니다. 따라서 독자들은 이 책을 통해 사도신경의 핵심을 빠른 시간 내에 파악할 수 있습니다. '올인원'(all-in-one)이라는 제목답게 학습의 전 과정을 한 세트로 묶어 놓았습니다. 모든 강(講)은 "내용 한눈에 보기 – 내용 연구하기(설교) – 내용 확인하기 – 삶에 적용하기"라는 4단계로 구성되어 있습니다.

그리고 이번 2쇄부터는 '모범답안'을 추가했습니다. 내용 확인하기와 삶에 적용하기에 나오는 질문에 대해 답변을 정리한 것입니다. '내용 확인하기' 답변은 책 내용 그대로이지만, '삶에 적용하기' 답변은 저자의 일상과 관련된 적용입니다. 이 점에 유의하면서 독자 여러분의 적용을 도출해 보시기 바랍니다.

또 이 책은 설교자들에게 아주 실제적인 도움이 될 것입니다. 설교 현장의 언어를 그대로 담았기 때문입니다. 특히 부록에 실린 사도신경의 각종 번역문을 참고하면서 원문의 의미를 살펴보시면, 강해를 준비하는 데 참으로 유익하리라고 판단됩니다.

"원전으로 돌아가자!"(ad fontes)는 500년 전 개혁자들의 구호를 의식해서, 저도 사도신경의 원문을 직접 살피며 '축자적 방식'으로 번역하게 되었습니다. 그 결과물을 부록으로 덧붙여 놓았습니다. 만약 독자께서 저의 번역에 치명적인 오류를 발견하면, 전적으로 저의 부족한 실력 탓으로 생각하고 언제든지 조언해 주시기 바랍니다.

끝으로, 설교 원고를 책으로 만들어 주신 세움북스 강인구 대표님과 직원들에게 감사를 드리고, 또 추천사를 써 주신 권오현, 황원하, 조영민 목사님과 서자선 집사님께도 감사의 말씀을 올립니다. 그리고 이 책을 읽어주실 모든 독자들에게 미리 감사의 마음을 전합니다. 모든 영광을 하나님께 돌려드립니다. Sola Gratia!

2019년 5월, 저자 권율

목차

새번역 사도신경[1]

나는 전능하신 아버지 하나님, 천지의 창조주를 믿습니다.

나는 그의 유일하신 아들, 우리 주 예수 그리스도를 믿습니다.

그는 성령으로 잉태되어 동정녀 마리아에게서 나시고,

본디오 빌라도에게 고난을 받아 십자가에 못 박혀 죽으시고,

장사된 지[2] 사흘 만에 죽은 자 가운데서 다시 살아나셨으며,

하늘에 오르시어 전능하신 아버지 하나님 우편에 앉아 계시다가,

거기로부터 살아 있는 자와 죽은 자를 심판하러 오십니다.

나는 성령을 믿으며,

거룩한 공교회와, 성도의 교제와,

죄를 용서 받는 것과,

몸의 부활과,

영생을 믿습니다. 아멘.

* 출처: 『21C 큰글 찬송가』 (2007), (앞쪽 내지), 한국찬송가공회.

1 '사도신조'로도 번역할 수 있다.
2 "장사되시어 지옥에 내려가신 지"가 공인된 원문(Forma Recepta)에는 있으나, 대다수의 본문에는 없다.

나는 믿습니다!
성부 하나님을

Credo in DEUM PATREM

성부 하나님을 향한

믿음의 고백

올인원

사도신경

내용 한눈에 보기

제1강: 성부 하나님을 향한 믿음의 고백

1. 사도신경을 암송하는 이유

· 비록 영감된 성경 본문은 아니지만, 하나님의 영감으로 기록된 성경의 전체 내용을 가장 잘 요약하여 보여 준다.

· 성경 본문과 사도신경은 태양과 태양 광선의 관계에 비유될 수 있다. 광선을 거부하면 그것의 근원을 거부하는 것과 다름없다.

· 사도신경의 텍스트를 하나로 고정시켜 암송하는 것은 교회의 '하나됨'과 상당 부분 관련이 있다.

2. 사도신경의 기원과 구조

· 2세기 중반에 로마 교회가 사용한 세례 예식문에서 비롯되었다.

· '신경'(信經)이라는 말은 교회가 공인한 신앙고백문이라는 뜻이다.

· 사도들이 직접 작성한 것은 아니지만, 그 기원을 사도들의 가르침에 둘 수 있다.

· 원문의 구조상 "나는 믿습니다"라는 말이 3회 나오는데, 이것은 삼위일체 하나님의 각 위격에 대한 믿음의 고백을 담고 있다.

3. 성부 하나님을 향한 믿음의 고백

· **창조주**: 예수 그리스도의 아버지께서 무(無)에서 유(有)를 창조하심을 믿는다.

· **전능자**: 하나님의 영원한 작정과 섭리로써 온 세상을 보존하며 다스리고 계심을 믿는다.

· **아버지**: 예수 그리스도 때문에 성부께서 나의 하나님이자 나의 아버지가 되심을 믿는다.

내용
연구
하기

사도신경은 신자의 일부라고 해도 과언이 아닙니다. 삼위 하나님과 연합을 이룬 신자들이 매주 공예배 때 큰 소리로 암송하기 때문입니다. 우리에게 너무나 익숙한 사도신경의 내용을 설교를 통해 다시 살펴보는 것이 조금 어색할지도 모르겠습니다. 그러나 익숙한 내용일수록 그것의 참된 내용이 무엇인지 간과하기 쉬우므로, 사도신경을 처음 접한다는 마음으로 겸손하게 그 의미를 하나씩 살펴보도록 하겠습니다.

우리가 예배를 시작하면서 고백하는 '사도신경'은 주기도문, 십계명과 함께 우리 성도들에게 3가지 보물 중의 하나입니다.[1] 이 3가지는 성도(신자)가 되려는 사람이라면 반드시 알아야 할 기독교 신앙의 핵심 내용입니다. 이 중에서 사도신경은 우리가 믿는 성경의 내용을 가장 잘 요약한 신앙고백이라고 할 수 있습니다. 따라서 사도신경의 '내용'을 입으로 고백하지 못하는 사람은 예수님을 믿는 성도라고 할 수 없습니다.

처음에 사도신경을 암송하다 보면 한 가지 의문이 떠오르게 됩니다. 왜냐하면 주기도문(마6:9-13)과 십계명(출20:1-17)은 성경 본문에 정확하게 나와 있는데, 사도신경은 성경의 어디에도 나와 있지 않기 때문입니다. 저도 처음 교회에 다니기 시작했을 때 똑같은 의문을 가졌습니다. 사도신경이 성

1 백금산 외, 『만화 사도신경』 (서울: 부흥과개혁사, 2008), 9.

경에 나와 있지도 않은데 굳이 암송할 필요가 있을까 하는 생각이 들었습니다. 비록 처음에는 이런 의문을 가진 채 사도신경을 무작정 암송했지만, 차츰 그 안에 담긴 내용이 무슨 뜻인지 알아보니 성경 구절처럼 모든 성도들이 반드시 암송해야 한다고 확신하게 되었습니다.

그렇다고 사도신경을 성경의 권위와 똑같이 생각해서는 안 됩니다. 성경 본문처럼 하나님의 영감을 받아 기록된 것이 아니기 때문입니다. 사도신경이 비록 영감된 성경 본문은 아닐지라도 모든 그리스도인이 입으로 고백해야 하는 이유는, 하나님의 영감으로 기록된 성경의 전체 내용을 신앙고백과 관련해서 가장 잘 요약하기 때문입니다. 사도신경에 나오는 모든 표현들이 성경에서 비롯되었다는 점을 기억하기 바랍니다.[2]

비단 사도신경뿐만이 아닙니다. 장로교회가 신조로 받아들이는 웨스트민스터 표준문서도 같은 원리가 적용됩니다. 이 중에서 특히 소교리문답의 '내용'은 아마 모든 교파를 초월하여 성경적으로 대부분 동의하는 내용이므로, 우리의 신앙생활에 있어서 사도신경과 비슷한 기능을 하고 있습니다. 다시 말해, 거의 모든 교회가 가장 보편적으로 받아들이는

2 성경에 유일하게 나오지 않는 단어가 '공교회'의 '공'(公)에 해당하는 '가톨릭'(catholicam/καθολικην)이다. 그러나 '삼위일체'라는 용어처럼 그것이 성경에 나오지 않아도, 교회의 '보편성'을 의미하는 지극히 성경적인 교리 용어이다.

신앙고백이라는 뜻입니다.

사도신경이 성경에 나오지 않는다고 해서 거부하려는 것은 참으로 어리석은 생각입니다. 심지어 비성경적이라고 매도하는 무리도 있습니다. 우리는 성경 본문과 성경적인 문서(또는 교리)를 구별하되, 이 둘의 관계를 똑바로 알아야 합니다. 성경 본문(원문)은 하나님의 영감을 받아 기록된 것이기 때문에 우리가 절대로 변개(變改)시킬 수 없습니다. 그러나 성경적인 문서는 (그것이 성경 본문의 뜻과 일치되는 한) 얼마든지 우리가 자유롭게 표현할 수 있습니다.

성경 본문과 성경적인 문서(또는 교리)는 마치 태양과 태양 광선의 관계와 비슷합니다. 태양 자체는 변하지 않지만 태양 광선은 우리가 어디에 위치하고 어느 시간대냐에 따라 유동적입니다. 그런데 태양 광선을 거부하거나 피하면, 태양 자체를 거부하는 것과 다름없습니다. 왜냐하면 태양이 발산하는 빛을 거부하면 그것의 근원을 거부하는 것과 동일시되기 때문입니다. 그렇다고 태양과 태양 광선이 서로 동일한 것은 아닙니다. 그러나 태양에서 태양 광선이 나오기 때문에, 이 둘이 동일한 것은 아니더라도 결코 분리될 수 없습니다.

성경 본문과 성경적인 문서(또는 교리)도 이와 마찬가지입니다. 성경적인 문서가 성경 본문에서 나오는 것이기 때문에, 그것을 거부하면 곧 성경 본문을 거부하는 꼴이 되어 버

립니다. 예를 들면, "우리가 믿는 하나님은 삼위일체 하나님"이라는 표현은 성경에 나오지 않습니다. (참고로 이런 표현들을 '교리'라고 일컫습니다.) 그러나 성도라고 자처하는 사람이 하나님의 삼위일체 되심을 거부하면, 그는 곧바로 성경을 부정하는 이단으로 낙인찍히게 됩니다. 왜냐하면 성경 본문은 한결같이 '삼위일체' 하나님을 증거하기 때문입니다. 물론 이것은 성경 본문이 아니라 교리이기 때문에, 다른 말로 얼마든지 바꿔 표현할 수 있습니다. '삼위일체'라는 말 대신에 "세 위격을 지니신 한 하나님"이라는 표현도 충분히 가능합니다.

우리가 사도신경을 대할 때도 그와 같은 태도를 가져야 합니다. 사도신경의 모든 내용이 성경에서 비롯된 것이기 때문에, 우리는 사도신경을 성경적인 것으로 받아들여야 합니다. 성경 본문처럼 하나님의 영감으로 기록된 것은 아닐지라도, 영감된 성경 본문에서 나온 것이기 때문에 모든 성도는 사도신경을 자기 신앙의 잣대로 삼아야 합니다. 교회 역사상 가장 오랫동안 모든 교회가 가장 보편적으로 사용해 왔다는 점이 바로 그런 사실을 입증합니다.[3]

사도신경의 내용들을 자유롭게 고쳐 표현할 수도 있지만, 텍스트를 고정시켜 모든 성도가 동일한 표현으로 암송할 필요가 있습니다. 이것은 교회의 '하나 됨'과도 상당 부분 관련

3 물론 엄밀하게 말해, 동방교회는 사도신경 대신에 니케아신경(Symbolum Nicaenum)을 고백한다. 그럴지라도 사도신경의 '내용'은 모든 교회가 받아들인다.

이 있습니다. 한국 교회가 성경을 한 가지 번역본(개역개정판)으로 통일시켜 예배 시간에 사용하는 것도 이와 비슷한 이치입니다. (물론 일부 교회들은 아직 개역한글판이나 다른 번역본을 사용하기도 합니다.) 모든 성도가 동일한 표현으로 우리의 신앙 고백을 한 목소리로 하나님 앞에 암송하는 일이 참으로 의미 있다는 것을 알아야 합니다. 이제부터 '새번역 사도신경'에 대하여 본격적으로 살펴보도록 하겠습니다.

사랑하는 여러분, 우리가 매주 고백하는 사도신경이 언제부터 사용되었을까요? 일반적으로 2세기 중반에 로마 교회가 사용한 세례 예식문에서 비롯되었다고 추정합니다.[4] 그러니까 마지막 사도인 요한이 죽고 나서 약 50년 정도가 지나, 이미 사도신경의 원형(prototype)이 만들어졌다는 뜻입니다. 물론 지금의 사도신경과 완전히 동일한 것은 아니지만, 거의 유사한 표현과 구조로 이미 당시부터 사용되고 있었음을 알 수 있습니다. 지금과 동일한 형태의 사도신경은 아마 5세기 말쯤에 확정되어, 이후 8–9세기에 이르러 비로소 서방 교회 전역에서 사용되었다고 볼 수 있습니다.[5]

'사도신경'에 대한 오해를 한 가지 풀어드릴까 합니다. 이 명칭을 보면 마치 "사도들이 작성한 신경"이라는 오해를 불

---

4 이승구, 『사도신경』 (서울: SFC, 2011), 7; 유해무, 『개혁교의학』 (고양: 크리스챤다이제스트, 1997), 91.

5 유해무, 『개혁교의학』, 91.

러일으킵니다. 저도 어릴 적에 그렇게 생각했습니다. 그러나 교회 역사를 연구해 보면 사도들이 작성한 것이 아님을 알 수 있습니다.[6] 아마 사도들에게 가르침을 받은 제자들이 작성한 후에, 그 가르침의 기원을 사도들에게 두려는 의도에서 명칭을 그렇게 붙인 것 같습니다.

굳이 설명하자면, "사도들에게 가르침을 받은 제자들이 작성한 신경"이라는 말을 줄여서 '사도신경'이라고 부른다고 생각하면 됩니다. (참고로 '신경'[信經]이라는 말은 교회가 공인한 '신앙고백문'이라는 뜻입니다.) 사도신경의 원형이 주후 150년경에 있었음을 고려할 때 사도들이 생존했던 때와 아주 가까운 시기에 작성된 것인만큼, 그 기원을 사도들에게 돌려도 아무 문제가 없다고 봅니다.

우리가 고백하는 사도신경은 아주 정교한 구조로 되어 있습니다. 새번역 사도신경을 보면 "나는 … 믿습니다"라는 동일한 표현이 세 번 나온다는 것을 확인할 수 있습니다. 물론 우리말 번역에는 마지막 부분에 "믿습니다"라는 말을 한 번 더 넣었지만, 라틴어나 헬라어 원문의 구조상 세 번 반복되어 나타납니다. 그런데 "나는 믿습니다"(Credo / πιστεύω)라는 표현이 세 번 반복되어 나타나는 이유가 무엇일까요? 사도신경의 내용을 보고 한번 추측해 보기 바랍니다. 이미 짐작

6 John Calvin, *Institutes of the Christian Religion*, II.xvi.18.

한 대로, 삼위일체 하나님의 각 위격에 대한 믿음의 고백을 하기 때문에 그 표현이 세 번 나오는 것입니다.

라틴어나 헬라어 원문을 보면 그 구조가 더 명확하게 드러납니다. 원문에는 이렇게 시작합니다.

> 나는 믿습니다! 전능하신 아버지 하나님, 천지의 창조주를.
>
> 나는 믿습니다! 그의 유일하신 아들, 우리 주 예수 그리스도를.
>
> ……
>
> 나는 믿습니다! 성령님을.
>
> ……

사도신경이 고대에 작성된 것인데도 이토록 정교한 구조로 이루어져 있다는 것이 놀랍지 않습니까? 성경이 말하는 삼위일체 하나님 되심이 고대 그리스도인들이 고백하는 문서에 이미 들어 있다는 사실에 주의를 기울여야 합니다. 이 사실은 하나님을 성경대로 믿고자 하는 그들의 투철한 의식이 반영된 것입니다. 오늘 우리가 믿는 하나님 역시 그들이 믿었던 하나님과 동일한 삼위일체 하나님이심을 꼭 기억하기 바랍니다.

보다시피 첫 부분은 '성부 하나님'(God the Father)에 대한 믿음의 고백입니다. 경건한 마음으로 이 부분을 암송해 보겠습니다. "나는 전능하신 아버지 하나님, 천지의 창조주를 믿습니다"(Credo in DEUM PATREM omnipotentem; Creatorem cæli et terræ). 이 부분을 직역하면, "나는 믿습니다! 하늘과 땅의 창조주, 전능하신 하나님 아버지를"이라고 표현됩니다.[7] 우리가 믿는 하나님은 천지를 지으신 창조주 하나님이십니다. 그런데 창세기 1장에 보면, 천지를 지으신 분이 하나님 아버지만이 아님을 알 수 있습니다. 하나님 아버지(성부)께서 말씀(성자)을 보내셔서 당신의 영(성령)으로 온 세상을 창조하셨다는 사실을 발견할 수 있습니다(창1:1–3). 즉, 삼위일체 하나님이 '함께' 세상을 창조하셨다는 뜻입니다. 그럼에도 사도신경 첫 부분에서 "전능하신 아버지 하나님, 천지의 창조주"라고 고백하는 이유는, 창조 사역을 주도하신 분이 바로 성부 하나님이시기 때문입니다.

그런데 여러분이 "나는 전능하신 아버지 하나님, 천지의 창조주를 믿습니다"라고 고백할 때 무엇을 구체적으로 믿고 있습니까? 다시 말해, 천지를 창조하신 성부 하나님을 믿는다고 말할 때, 그분의 무엇을 믿는다는 말입니까? 여기에 대해서는 하이델베르크 요리문답 제26문에 잘 나와 있습니다.[8] 우선, 예수 그리스도의 아버지께서 무(無)에서 유(有)를 창조하심을 믿는다는 말입니다. 하나님은 아무것도 없는 가운데

7 또는 "하늘과 땅의 창조주, 전능하신 하나님 아버지를 내가 믿습니다!"라고 번역할 수도 있다. 번역 어순과 관련된 자세한 사항은 부록(84–85쪽)을 참고하라.

8 하이델베르크 총회, 『하이델베르크 요리문답』, 독립개신교회 역 (서울: 성약, 2004), 46.

서 자신의 말씀과 영으로 온 세상을 친히 만드셨습니다. 이것은 이 세상의 어떤 피조물도 흉내 낼 수 없는 일입니다. 인간이 아무리 과학과 의술을 발전시켜 생명을 복제하고 수명을 연장시켜도 생명 자체를 만들어 낼 수는 없습니다. 이 사실만 보더라도 유한한 인간의 영역을 뛰어넘는 초자연적인 존재가 실재(實在)한다는 것을 알 수 있습니다.

다음으로, 우리가 "전능하신 아버지 하나님, 천지의 창조주"를 믿는다는 말은, 하나님의 영원한 작정과 섭리로써 온 세상을 보존하며 다스리고 계심을 믿는다는 뜻입니다. 하나님은 세상의 모든 일을 영원 전부터 작정하시고 하나님 자신의 영광을 위하여 만사가 진행되도록 배후에서 섭리하고 계십니다. 여러분이 살아가면서 당하는 모든 일들은 결코 우연이 아니라 하나님께서 주권적으로 허용하신 결과입니다. 여러분의 건강과 직장생활은 물론이거니와, 자연 만물이 계절에 따라 변하는 일까지 모두 하나님이 보존하시고 다스리심(통치)의 결과라는 것입니다.

그리고 "전능하신 아버지 하나님, 천지의 창조주"를 믿는다는 것은, 예수 그리스도 때문에 성부 하나님이 나의 하나님이자 나의 아버지가 되심을 믿는다는 말입니다. 여러분과 제가 하나님을 아버지라고 부를 수 있는 까닭은 그분의 아들 예수님 때문입니다. 예수님이 가르쳐 주신 '주기도문'에서도 그 같은 사실을 알 수 있습니다. 예수님이 우리에게 "하늘에 계신 우리 아버지여"(마6:9b)라고 부를 것을 가르쳐 주셨기 때문에, 우리가 하나님을 아버지라고 부르는 것입니다. 또한 하나님께서 우리를 예수 그리스도 안에서 당신의 자녀로 삼아 주셨기 때문에 우리가 그분을 나의 하나님, 나의 아버지라고 부를 수 있는 것입니다.

이것을 바꿔 말하자면, 예수 그리스도를 통하지 않고는 창조주 하나님을 나의 하나님, 나의 아버지라고 부를 수 없다는 뜻입니다. 이런 맥락에서 본다면 우리가 단순히 세상을 창조한 '어떤 신'을 믿는 것이 아니라, 예수 그리스도의 아버지이신 '그 하나님'을 믿는 것입니다. 그렇기 때문에 우리가 믿는 하나님은 무슬림(이슬람교도)들이 믿는 '알라'(번역하면, '하나님')와 다른 분입니다. 세상 사람들이 막연한 종교심에서 말하는 그 '하나님'(또는 '하느님')과 전혀 다른 존재입니다. 오히려 우리가 믿는 예수 그리스도의 아버지 하나님 외에는 다른 어떤 하나님도 없다는 사실을 확실히 기억해야 합니다.

과연 여러분은 "전능하신 아버지 하나님, 천지의 창조주"를 믿고 있습니까? 무(無)에서 유(有)를 창조하시고 온 세상을 다스리시며, 예수 그리스도의 아버지이신 그 하나님을 참으로 신뢰합니까? 그렇다면 천지의 창조주 하나님 아버지께서 여러분의 몸과 영혼에 필요한 모든 것을 채워 주신다고 확신

하기 바랍니다. 눈물 골짜기 같은 이 세상에서도 하나님 아버지께서 여러분의 삶을 보존하시고 다스리고 계심을 믿음으로 붙들기 바랍니다. 우리 아버지 하나님은 참으로 신실하신 분이기에, 여러분과 저의 인생을 그대로 내버려 두지 않으시고 그분의 전능하신 능력으로 모든 것이 합력하여 선을 이루게 하신다는 사실을 꼭 기억하기 바랍니다.

이번 첫 강(講)에서는 크게 3가지를 살펴봤습니다. 사도신경을 암송하는 이유, 사도신경의 기원과 구조, 그리고 성부 하나님을 향한 믿음의 고백에 담긴 의미입니다. 우리는 사도신경을 성경과 같은 권위로 생각할 수는 없지만, 성경의 내용을 가장 잘 요약하는 우리의 신앙고백으로 확신할 수 있어야 합니다. 거기에 담긴 의미 하나하나가 우리의 일상을 결정 짓는 실제적인 고백이 되어야 합니다!

특히 매주 공예배 때 모든 성도들과 함께 사도신경을 암송하며 자주 감격할 수 있어야 합니다. 왜 그렇습니까? 목숨을 건 고대 성도들의 신앙고백을 똑같이 공유하는 지체들이기 때문입니다. 또한 내가 그리스도와 연합되어 있듯이, 모든 성도들과도 같은 믿음으로 한 몸이 되었음을 깊이 의식해야 합니다. 무엇보다 우리가 고백하는 믿음의 내용을 변함없이 보존해 오신 삼위일체 하나님께 모든 감사와 찬양을 올려 드려야 합니다!

이제 우리는 1,900년 가까이 된 사도신경의 '내용'이 오늘날에도 여전히 우리 신앙의 잣대가 된다는 사실에 감사해야 합니다. 현재 우리의 믿음이 옛 성도들의 믿음과 동일하다는 사실을 나타내는 '표'(symbolum)가 바로 '사도신경'(Symbolum Apostolicum)이기 때문입니다.

사랑하는 여러분, 우리의 믿음을 전능하신 창조주 하나님께서 붙들고 계심을 확신하기 바랍니다. "나는 믿습니다!"(Credo)라고 고백하지만, 실상은 나의 믿음이 하나님으로부터 온 것임을 잊지 말아야 합니다. 여러분의 믿음을 날마다 강건하게 하시는 전능하신 하나님을 온전히 찬양하며 기뻐하기 바랍니다. 날마다 삼위일체 하나님을 향한 믿음의 고백이 여러분의 삶 가운데 충만하게 나타나기를 간절히 기도합니다. 아멘.

1. 성경에 나오지 않는 사도신경을 우리가 입으로 고백해야 하는 이유를 말해 보라.

2. 성경 본문과 사도신경(또는 교리)의 관계를 설명해 보라.

3. 사도신경은 언제부터 무슨 목적으로 사용되었는가?

4. 사도신경의 구조를 설명해 보라.

5. "나는 전능하신 아버지 하나님, 천지의 창조주를 믿습니다!"를 고백할 때 구체적으로 무엇을 믿고 있는지, 하이델베르크 26문답의 언어로 대답해 보라.

내용 확인하기

26문. 당신이 "나는 전능하신 아버지 하나님, 천지의 창조주를 믿습니다"라고 말할 때 당신이 믿는 것은 무엇입니까?

[내가 믿는 것은] 하늘과 땅과 더불어 그 속에 있는 만물을 무로부터 창조하셨고, 또한 이것들을 자신의 영원한 작정과 섭리로써 보존하시고 다스리시는, 우리 주 예수 그리스도의 영원하신 아버지께서 자신의 아들 그리스도를 의지하여 나의 하나님과 나의 아버지 되신다는 것입니다. 또한 이로써 내가 신뢰하는 것은 그분이 나의 몸과 영혼에 필요한 모든 것을 채워 주시리라는 것을 내가 조금도 의심하지 않는다는 것입니다. 또한 이 눈물 골짜기 같은 세상에서 당하게 하시는 어떠한 악도 합력하여 선을 이루게 하시리라는 것을 [내가 조금도 의심하지 않는다는 것입니다.] 왜냐하면 그분은 전능하신 하나님으로서 그렇게 하실 수 있기 때문이요, 신실하신 아버지로서 그렇게 하기를 원하시기 때문입니다.

삶에 적용하기

1. 사도신경을 함께 고백하면서 감격해 본 적이 있는가?

2. 우리 공동체와 나에게 있어 하나님께서 "전능하신 아버지" 되심이 어떤 의미로 다가오는가?

3. 내가 속한 삶의 현장에, 또 우리나라의 현재 상황에 "천지의 창조주"를 구체적으로 어떻게 증거할지 고민해 보라.

나는 믿습니다!
성자 하나님을

Credo in JESUM CHRISTUM

성자 하나님을 향한

믿음의 고백 〈1〉

2

올인원

사도신경

내용
한눈에
보기

제2강: 성자 하나님을 향한 믿음의 고백 〈1〉

1. 사도신경과 세례

· 사도신경은 처음부터 세례와 직결되어 있었다.

· 라틴어로 '사도신경'(Symbolum Apostolicum)은 사도적 기원을 둔 신앙고백의 표(Symbolum)라는 의미이다.

· 세례라는 말도 죄인이 그리스도의 은혜로 죄 사함을 받아 참된 신앙 고백을 소유했음을 나타내는 표(Symbolum)이다.

2. 성자 하나님을 향한 믿음의 고백 〈1〉

· 전반부는 예수님이 어떤 분이신지, 후반부는 예수님이 무슨 일을 행하셨는지를 말한다.

· 전반부 핵심 개념

– **그의 유일하신 아들**: 영원 전부터 성부와 동일한 신성(神性)을 지니신 하나님의 아들이심을 믿는다.

– **주(主)**: 우리의 주님이시며 성부와 동등하신 하나님이심을 믿는다.

– **예수**: 우리를 죄로부터 건져내실 구원자이심을 믿는다.

– **그리스도**: 선지자와 제사장과 왕의 직분을 지금도 우리를 위해 수행하고 계심을 믿는다.

· 그리스도인의 3중직 사명

– **선지자**: 말씀을 대언하는 복음의 증인으로 살아감.

– **제사장**: 자기 몸을 거룩한 산 제물로 하나님께 드림.

– **왕**: 그리스도와 함께 복음의 능력으로 세상을 다스림.

내용 연구 하기

이번 강(講)은 세례에 관한 이야기로 시작할까 합니다. 사도신경 강해 두 번째 시간에 갑자기 세례 이야기를 왜 끄집어내는지 궁금해할지도 모르겠습니다. 우리가 사도신경을 별 생각 없이(?) 매주 암송해서 그렇지, 사실 이 신앙고백은 처음부터 세례와 직결되어 있었습니다. 제1강에서 언급한 대로, 사도신경의 원형은 2세기 중반에 로마 교회가 사용한 세례 예식문(소위 "로마 신경")에 있습니다. 지금의 사도신경과 거의 비슷한 구조와 표현으로 구성되어 있는데, 다만 지금의 선언 형식과는 달리 '문답 형식'으로 이루어져 있는 것이 그 특징입니다. 수세자에게 세례를 베풀기 전에 그것을 활용했기 때문에, 당연하게 형식이 문답으로 이루어져야 하는 것입니다. 히폴리투스(Hyppolitus)가 215년에 작성한 「사도적 전통」(*Apostolic Tradition*)에 나오는 로마 신경을 잠시 소개하겠습니다.[9]

첫째로, 당신은 모든 것을 다스리시는 하나님 아버지를 믿습니까?

둘째로, 당신은 하나님의 아들이시며, 성령으로 잉태되어 동정녀에게서 나시고, 본디오 빌라도 치하에서 십자가에 못 박혀 죽으시고 장사되었다가 사흘 만에 죽은 자 가운데서 다시 살아나셨으며, 하늘에 오르시어 아버지 우편에 앉아 계시다가 살아 있는 자와 죽은 자를 심판하러 오실 예수 그리스도를 믿습니까?

셋째로, 당신은 성령을 믿으며, 거룩한 공교회와 몸의 부활을 믿습니까?

9 이승구, 『사도신경』, 419에 나오는 번역문을 교정한 것이다.

보다시피 지금 우리가 암송하는 사도신경과 거의 차이가 없습니다. 다만 지금과는 달리 문답 형식으로 되어 있을 뿐입니다. 세례를 받고자 하는 사람은 이 3가지 질문에 "나는 믿습니다!"(Credo)라고 확신 있게 대답해야 합니다. 로마 신경의 이 내용을 정확하게 믿고 받아들이지 않으면 결코 세례를 받을 수 없었습니다.

이처럼 '사도신경'의 기원은 '세례'와 밀접한 관련이 있었습니다. 사실 이 두 용어만 봐도 그 같은 사실을 알 수 있습니다. 제1강 마지막 부분에서 사도신경의 용어를 간단하게 풀이한 적이 있습니다. 이미 언급했듯이 '신경'(信經)이라는 말이 우리말로는 '신앙고백문'이라는 뜻이지만, 라틴어로는 '표'(symbolum)라는 뜻입니다. 그렇다면 사도신경은 "사도적 기원을 둔 신앙고백의 표"라는 의미입니다.

흥미롭게도 '세례'라는 성례도 죄인이 그리스도의 은혜로 죄 사함을 받아 참된 신앙고백을 소유했음을 나타내는 '표'(symbolum)입니다. 바로 여기에서 세례를 베풀 때 사도신경의 내용을 확인하려는 필연적인 이유를 발견할 수 있습니다. 세례나 사도신경이 모두 그가 신자임을 나타내는 '표'이기 때문에 그렇게 하는 것입니다.

그리고 세례는 우리가 죄에 대하여 죽고 하나님께 대하여 살아 있음을 인쳐 주는 표이기 때문에, 예수 그리스도께서 성취하신 구속 사역에 우리의 시선을 자연스럽게 집중시킵니다. 우리가 고백하는 대로, 예수님은 육신으로 이 땅에 오셔서 우리의 죄를 짊어지시고 고난의 삶을 사시다가 십자가에 못 박혀 죽으셨습니다. 그 후 사흘 만에 부활하시고 승천하셔서 하나님 아버지의 우편에 앉아 계시다가, 마침내 모든 사람을 심판하러 다시 오실 것입니다.

이러한 신앙고백이 담긴 부분이 바로 사도신경 두 번째 부분입니다. 경건한 마음으로 성자 예수님을 향한 믿음의 고백을 암송해 보겠습니다.

> 나는 그의 유일하신 아들, 우리 주 예수 그리스도를 믿습니다.
> 그는 성령으로 잉태되어 동정녀 마리아에게서 나시고,
> 본디오 빌라도에게 고난을 받아 십자가에 못 박혀 죽으시고,
> 장사된 지 사흘 만에 죽은 자 가운데서 다시 살아나셨으며,
> 하늘에 오르시어 전능하신 아버지 하나님 우편에 앉아 계시다가,
> 거기로부터 살아 있는 자와 죽은 자를 심판하러 오십니다.

보다시피 사도신경의 세 부분 중에 가장 많은 분량을 차지합니다. 성자 예수님에 대한 부분이 왜 이렇게 많은 분량을 차지하는 것일까요? 왜냐하면 성경에서 우리의 '구속주'이신 예수님을 가장 많이 계시하고 있기 때문입니다. 사도신경은 구조에 있어서도 성경적이지만, 각 분량에 있어서도 아주

성경적이라 할 수 있습니다. 신구약 성경은 모두 예수 그리스도를 중심으로 그 내용이 전개됩니다. 구약에서는 오실 메시아(그리스도), 신약에서는 이미 오신 메시아와 앞으로 다시 오실 메시아를 증거하고 있습니다. 그렇기 때문에 고대 성도들이 사도신경 안에 성자 예수님에 관한 믿음의 고백을 가장 많이 담아 놓은 것입니다.

자세히 보면 이 부분은 다시 둘로 나뉘게 됨을 알 수 있습니다. "나는 그의 유일하신 아들, 우리 주 예수 그리스도를 믿습니다"라는 전반부와 그 이후의 내용인 후반부로 구성됩니다. 전반부는 예수님이 어떤 분이신가에 대한 것이고, 후반부는 예수님이 무슨 일을 행하셨는가에 대한 것입니다.[10] 이 구조에서 나타나는 것처럼, 우리는 예수님이 무슨 일을 행하셨는가를 말하기 전에, 먼저 그분이 어떤 분이신가를 정확히 고백해야 합니다.

사랑하는 여러분, 예수님이 어떤 분이십니까? 전반부를 다시 한 번 암송해 보겠습니다. "나는 그의 유일하신 아들, 우리 주 예수 그리스도를 믿습니다!" 여러분은 이 고백대로 "그의 유일하신 아들, 우리 주 예수 그리스도를" 참으로 믿습니까? 그렇다면 예수 그리스도께서 어떤 분이신지 소상히 증언할 수 있어야 합니다. 라틴어 원문을 직역하면, "나는 믿

10 백금산 외, 『만화 사도신경』, 55.

습니다! 하나님의 유일하신 아들, 우리 주 예수 그리스도를" (Et in JESUM CHRISTUM, Filium ejus unicum, Dominum nostrum)이라고 표현됩니다.[11] 직역문 어순이 아닌 원문의 어순에 따라 예수님이 어떤 분이신지 하나씩 살펴보도록 하겠습니다.

먼저, 예수님의 이름에 담긴 뜻을 알아야 합니다. '예수'라는 이름은 '구원자'라는 뜻인데, 구약의 '여호수아'와 같은 이름입니다. '여호수아'는 히브리어 발음이고 '예수'는 헬라어 발음일 뿐입니다. 마리아의 남편 요셉이 잠자리 전에 아내(정혼녀)가 임신한 것을 알고 가만히 파경하려고 하자, 주님의 천사가 그를 안심시키며 그에게 직접 이 이름을 지으라고 알려 주었습니다. "아들을 낳으리니 이름을 예수라 하라. 이는 그가 자기 백성을 그들의 죄에서 구원할 자이심이라 하니라"(마1:21).

보다시피 예수님은 자기 백성을 그들의 죄로부터 구원하실 분입니다. 천하 인간에 다른 어떤 이름도 우리를 구원할 수 없습니다(행4:12). 오직 '예수'라는 이름만이 우리를 구원할 수 있다는 사실을 확신하기 바랍니다. 구약 시대뿐 아니라 예수님 당시에도 이 이름은 흔한 이름이었습니다. 아마도 이스라엘의 구원을 대망하는 그들의 소원을 자녀 이름에 담았기 때문일 것입니다. 하나님이 의도하신 이스라엘의 참된 구

11 또는 "하나님의 유일하신 아들, 우리 주 예수 그리스도를 내가 믿습니다!"라고 번역할 수도 있다. 번역 어순과 관련된 사항은 부록(84–85쪽)을 참고하라.

원은 바로 그들의 죄로부터의 구원이었습니다. 죄로부터 구원 받는다는 말은 우리가 죄의 권세에서 해방되어 하나님과 이웃과의 관계가 회복되고, 우리 삶의 모든 영역에서 죄의 지배가 아닌 성령의 지배를 받는다는 뜻입니다.

다음으로, 예수님의 칭호인 '그리스도'가 어떤 의미인가를 분명히 알아야 합니다. 일반적으로 '예수 그리스도'라는 말로 붙여서 사용하기 때문에, 많은 성도들이 '그리스도'라는 말을 마치 예수님의 이름인 것처럼 인식하고 있습니다. 그러나 '그리스도'는 이름의 일부가 아니라 예수님의 직분을 나타내는 말입니다. '그리스도'(Χριστός)라는 말은 '메시아'(משיח)라는 히브리어 명사를 헬라어로 번역한 것입니다. 중국어로는 '기독'(基督)이라는 한자어로 번역했는데, 바로 여기에서 '기독교'(基督教)라는 말이 나왔습니다. 즉 '메시아'와 '그리스도'와 '기독'이라는 말은 모두 같은 것입니다(개인적으로 저는 '기독교'라는 말보다 '그리스도교'라는 말을 훨씬 좋아합니다).

'그리스도'(Christ)라는 말은 '기름 부음을 받은 자'라는 뜻입니다. 기름 부음을 받은 자는 하나님이 특별히 구별하여 세우신 사람인데, 구약적 배경에서는 선지자와 제사장과 왕의 경우에 해당합니다. 선지자는 주로 하나님의 말씀을 대언하는 사람이고, 제사장은 백성들의 죄를 하나님 앞에서 용서받게 하기 위해 제물을 드리는 사람이며, 왕은 하나님의 말씀으로 백성을 다스리는 하나님의 대리 통치자입니다. 구약에서는 각각 다른 사람이 선지자와 제사장과 왕의 직분을 수행했지만, 신약에서는 예수님 한 분께서 이 3가지 직분(3중직)을 모두 수행하셨습니다.

따라서 우리가 예수님을 그리스도로 고백한다는 말은 그분을 하나님이 세우신 선지자이자 제사장이자 왕으로 고백한다는 뜻입니다. 예수님은 2천 년 전뿐만 아니라 지금도 여전히 우리의 구속자로서 이 3중직을 우리를 위해 수행하고 계십니다. 하나님의 말씀과 성령으로 하나님의 뜻을 우리에게 계시하심으로 선지자 직분을, 또 자신을 이미 제물로 단번에 드리신 후로 우리를 위해 계속 중보하심으로 제사장 직분을, 그리고 우리를 다스리시고 우리의 모든 원수들을 정복하심으로써 왕의 직분을 지금도 여전히 수행하고 계십니다(소교리 24-26; 하이델베르크 31문답).

이제 예수님을 그리스도로 고백하는 우리에게로 눈을 돌려 보겠습니다. 그분을 그리스도(Christ)로 고백하는 우리는 '그리스도인'(Christians)이라고 불립니다. 사실 이 명칭은 우리 스스로 붙인 것이 아니라, 초대 교회 당시 안디옥의 비신자들이 조롱하는 어투로 붙어준 별명입니다(행11:26). 물론 교회 안에서 이 명칭이 유래했다는 주장도 있습니다. 여하튼 십자가의 복음을 따르는 우리는 처음부터 아주 분명한 정체성을 가지고 있었습니다. 우리의 존재를 걸고 그리스도를 주님으로 고백하며 그분께 속해 있는 자들이라는 뜻입니다.

이러한 우리의 정체성은 그리스도라는 직분에서 더욱 분명히 찾을 수 있습니다. 그리스도를 따르는 우리를 가리켜 소위 '작은 그리스도'라고 말하기도 합니다. 그만큼 그리스도께서 행하신 사역들을 우리도 모방하며 그분처럼 일상을 살아간다는 뜻입니다. 따라서 그분이 우리의 구속자로서 3가지 직분을 우리를 위해 수행하셨듯이, 우리 또한 세상을 향해 3중직의 사명을 신실하게 감당해 내야 합니다.

그래서 우리가 감당해야 할 3중직은 그리스도를 신실하게 모방하는 것입니다. 이것에 대해서는 하이델베르크 요리문답 제32문에 잘 나와 있습니다.[12] 즉, 선지자이신 그리스도처럼 우리도 '작은 선지자'로서 그 이름의 증인이 되는 것이고, 또 제사장으로서 자신을 단번에 제물로 드리신 그리스도처럼 우리도 자신을 감사의 산 제물로 하나님께 드리는 '작은 제사장'이 되는 것이며, 그리고 왕이신 그리스도처럼 우리도 죄와 마귀에 대항하여 싸우고 그분과 함께 피조물을 다스리는 '작은 왕'이 되는 것입니다.

예수님의 직분(그리스도)을 설명하면서 우리의 '3중직 사명'을 덧붙이는 이유가 있습니다. 우리가 예수님을 그리스도

12 하이델베르크 총회, 『하이델베르크 요리문답』, 55-56.

로 믿는다는 말은 우리도 그리스도의 모습처럼 이 세상을 살아간다는 말이기 때문입니다. 초대 교회 성도들의 인생이 바로 그러했습니다. 예수님을 향하여 "주는 그리스도"라고 고백한 그들의 모습은, 정도의 차이는 있지만 '작은 그리스도'로서의 삶을 살아냈습니다. 성령의 능력을 받은 복음의 증인으로서(행1:8), 하나님이 기뻐하시는 거룩한 산 제물로서(롬12:1), 또 주님과 함께 온 세상을 다스리는 통치자로서(계22:5) 믿음의 인생을 살아냈습니다.

그렇기 때문에 "예수 그리스도를 믿습니다!"라고 하는 신앙고백을 허투루 여기지 말기 바랍니다. 믿음의 대상과 나는 불가분의 관계로 연합되어 있기 때문에, 그분의 행하신 일과 그분의 삶은 곧 나의 일과 나의 삶이 된다는 것을 기억하기 바랍니다. 사도신경을 암송할 때마다 우리의 존재를 걸고 예수님을 그리스도로 고백할 수 있기를 소망합니다.

또한 우리는 "그의 유일하신 아들"(Filium ejus unicum)이라는 말이 무슨 뜻인지 분명히 알아야 합니다. 이것을 우리에게 익숙한 용어로 바꿔 말하면, 예수님은 "하나님의 독생자"라는 말입니다. 이전 사도신경에는 '외아들'이라는 말로 번역되어 있습니다. 하나님의 "유일하신 아들"이라고 해서 이것을 우리가 흔히 생각하는 출생의 개념으로 이해하면 곤란합니다. 그러니까 남자와 여자가 결혼해서 아들을 하나 낳는다는 개념으로 접근하면 완전히 잘못된 것입니다. "그의 유일하신 아들"이라는 말은 예수께서 하나님 아버지와 영원 전부터 유일무이하고 독특한 사랑의 관계를 누리고 계시는 분이라는 뜻으로 이해해야 합니다.[13] 그러므로 "그의 유일하신 아들" 예수님은 하나님 아버지와 동일한 신성을 지니신 하나님이십니다. 교리문답의 용어를 빌리자면, 성부 하나님과 "본질이 동일하시고 능력과 영광이 동등하신" 성자 하나님이십니다(소교리문답 6).[14]

그리고 우리는 '주'(主)라는 호칭이 뜻하는 바를 분명히 알아야 합니다. '주'라는 호칭은 사도신경의 원형이 작성될 당시의 시대적 상황 속에서 이해되어야 합니다. 헬라어로 '퀴리오스'(κύριος)라고 하는 이 호칭은 로마 제국에서 여러 가지 의미로 사용되었습니다. 사람들이 황제를 신격화시키기 위해 '주'라고 부르기도 하고, 노예들이 주인을 부르거나 아내가 남편을 호칭할 때도 '주'라고 부르기도 했습니다. 물론 상대방을 극도로 높여 부르는 극존칭으로도 사용되었습니다.

하지만 성도들이 예수님을 '주'라고 부를 때는 이런 의미보다도, 구약의 여호와 하나님과 관련된 호칭으로 이해하였습니다. 당시 히브리어를 잘 모르는 유대인들은 구약성경을

---

13 이승구, 『사도신경』, 117–122.

14 웨스트민스터 총회, 『원문을 그대로 번역한 웨스트민스터 소교리문답』, 권율 역 (서울: 세움북스, 2018), 25.

헬라어로 번역한 70인역(Septuagint)을 사용했습니다. 이 헬라어 구약성경에는 히브리어 '여호와'라는 단어가 전부 '퀴리오스'(주)라는 헬라어로 번역되어 있습니다. 그러므로 신구약 성경을 믿는 당시 성도들은 이 호칭 때문에, 구약의 여호와 하나님께 적용되는 말씀들을 자연스럽게 예수님께도 적용하게 되었습니다. 당시 제국 사람들이 황제를 신격화하기 위해 '주'라는 호칭을 사용했다면, 초대 교회 성도들은 예수님을 하나님으로 고백하기 위해 이 호칭을 사용했다고 볼 수 있습니다.

이제 성자 예수님에 관한 전반부를 정리해 보겠습니다. "나는 그의 유일하신 아들, 우리 주 예수 그리스도를 믿습니다"라는 고백은, 예수께서 영원 전부터 하나님 아버지와 동일한 신성을 지니신 하나님의 아들이심을 "나는 믿습니다!"라는 뜻이며, 또한 예수님이 우리의 하나님이자 구원자로서 선지자와 제사장과 왕의 직분을 지금도 우리를 위해 수행하고 계심을 "나는 믿습니다!"라는 뜻입니다. 그리고 이러한 사실을 고백하는 우리도 예수님처럼 '작은 그리스도'로 이 세상을 살아가겠다고 존재를 걸고 선언하는 것입니다! 여러분이 사도신경을 암송할 때마다 예수님을 향한 이런 고백을 확실히 붙들기 바랍니다.

이번 강(講)에서는 성자 예수님에 관해 전반부까지만 다루겠습니다. 사도신경의 구조상 성자 예수님에 관한 분량이 가장 많기 때문에, 강해의 내용도 거기에 맞춰 두 강에 걸쳐 진행하려고 합니다. 이번 제2강에서 우리는 먼저 사도신경과 세례의 관계에 대해 살펴봤습니다. 처음부터 세례와 직결된 사도신경이기 때문에, 세례를 받은 여러분은 사도신경을 암송하며 참된 신앙고백을 소유했다는 자부심을 가져야 합니다.

그리고 성자 예수님이 어떤 분이신지를 말하는 전반부까지 살펴봤습니다. 그분은 하나님의 "유일하신 아들"로서 우리의 구원자가 되시어 그리스도의 3중직, 즉 선지자와 제사장과 왕의 직분을 지금도 우리를 위해 수행하고 계십니다. 이토록 위대하신 하나님께서 우리를 또한 '작은 그리스도'로 이 세상을 살아가게 하심에 감사해야 합니다. 사랑하는 여러분이 복음의 증인으로서, 거룩한 산 제물로서, 하나님의 대리 통치자로서 오늘 하루도 살아갈 수 있기를 간절히 기도합니다. 아멘.

내용 확인하기

1. 사도신경 둘째 부분의 구조를 설명해 보라.

2. '예수'라는 이름과 '그리스도'라는 칭호의 의미를 설명해 보라.

3. "그의 유일하신 아들"이라는 말의 의미는?

4. '주'(主)라는 호칭이 뜻하는 바를 당시 시대적 상황을 고려하여 설명해 보라.

삶에 적용하기

1. 세례를 받았을 때(또는 입교했을 때) 사도신경의 내용대로 참된 신앙고백을 소유했다는 사실에 자부심을 느꼈는가? 또 현재 집행되는 세례식마다 수세자들을 위해 어떻게 기도하고 싶은가?

2. 예수께서 "우리 주" 되심을 내가 속한 공동체와 내 삶에 구체적으로 어떻게 실천해 보겠는가?

3. 그리스도를 믿는 '그리스도인'으로서 어떻게 살아갈지를 하이델베르크 32문답을 참고하여 자신의 언어로 대답해 보라.

4. 예수께서 우리의 구원자이심을 일상 중에 얼마나 자주 말하고 있는가?

32문. 그런데 왜 당신은 그리스도인이라 불립니까?

왜냐하면 내가 믿음으로 그리스도의 지체가 되었고, 또한 그분의 기름 부음에 참여하기 때문입니다. 그래서 나도 그의 이름을 고백하고, 나 자신을 살아 있는 감사 제물로 그분께 드리며, 또한 이 세상에 사는 동안에 자유로운 양심으로 죄와 마귀에 대항하여 싸우는 것입니다. 그런 다음에는 영원토록 그분과 함께 모든 피조물을 다스릴 것입니다.

나는 믿습니다!
성자 하나님을

Credo in JESUM CHRISTUM

성자 하나님을 향한

믿음의 고백 〈2〉

3

올인원 사도신경

내용
한눈에
보기

제3강: 성자 하나님을 향한 믿음의 고백 〈2〉

1. 사도신경을 어떻게 암송하고 있는가?

· "나는 믿습니다!" 라는 고백은 믿음의 대상과 내가 전인격적으로 연합되어 있다는 뜻이다.

· 사도신경을 암송할 때 나의 지성과 정서와 의지가 반응해야 한다.

2. 성자 하나님을 향한 믿음의 고백 〈2〉 : 후반부 핵심 개념

· **성육신**: 자신의 인성(人性)에 우리의 죄와 하나님의 진노를 짊어지심.

· **십자가에 죽으심**: 본디오 빌라도 치하에서 우리를 위한 대속적 고난과 죽음을 당하심.

· **장사되심**: 의심할 여지없는 완전한 죽음을 당하심.

· **사흘 만에 부활**: 우리를 지배하는 죄와 사망의 권세를 깨뜨리심.

· **하늘에 오르심**: 지극히 높은 영광을 받으심.

· **우편에 앉아계심**: 그리스도의 직분을 우리를 위해 수행하심.

· **심판하러 오심**: 재림하셔서 의인과 악인을 심판하심.

3. 예수님의 사역이 불러일으키는 우리의 반응

· 성육신 사건은 우리에게 거룩한 겸손을 불러일으킨다.

· 성자 예수님의 고난과 죽으심은 하나님을 향한 경외심을 갖게 한다.

· 예수님의 부활은 우리로 하여금 새 생명 가운데 살게 한다.

· 주님의 재림은 우리에게 하늘의 소망과 위로를 바라보게 한다.

내용
연구
하기

이제 성자 예수님에 관한 후반부를 다룰 차례입니다. 제2강에서 언급했듯이, 성자 예수께서 우리를 위해 무슨 일을 행하셨는가를 진술하는 부분입니다. 이 부분은 그야말로 우리 신앙고백의 가장 중요한 진술이며, 우리가 믿는 복음의 내용 중에서도 핵심이라고 할 수 있습니다.

만일 이 부분을 정확하게 고백할 수 없으면, 사실상 그를 그리스도인이라 할 수 없습니다. 아무리 "전능하신 아버지 하나님, 천지의 창조주"를 고백하고, "그의 유일하신 아들, 우리 주 예수 그리스도"를 믿는다고 말해도, 만약 예수께서 어떤 일을 행하셨는가를 모른다면 그가 말하는 믿음은 단지 허상일 뿐입니다. 자신의 구원이 그분의 사역을 통해 어떻게 가능하게 되었는지를 전혀 모르기 때문입니다. 그냥 예수님을 믿는다는 말만 기계적으로 반복하는 것에 불과합니다.

심지어 이 부분을 달달 암송하는 사람들 중에도 그런 경우가 있을 수 있습니다. 사도신경의 진술을 정확하게 암송하고 기억한다는 자체가 반드시 그의 구원을 확증해 주는 것은 아닙니다. 다음 강(講)에서 자세히 살펴보겠지만, 사도신경이 말하는 "나는 믿습니다!"(Credo)라는 고백은 믿음의 대상과 내가 전인격적으로 연합되어 있다는 말입니다. 다시 말해, 믿음의 대상인 그리스도를 말할 때 나의 지성과 정서와 의지가 어떤 식으로든지 반응을 한다는 뜻입니다. 물론 사람마다 정도의 차이는 있지만, 마치 사랑하는 배우자나 연인을 생각할 때 작동되는 신뢰와 사랑의 정서 같은 것이 내가 믿는 그분을 향해서도 나타난다는 뜻입니다.

그런데 "나는 믿습니다!"라고 말하면서도 그의 내면에서 아무런 반응이 일어나지 않는다면, 제가 볼 때는 아직 제대로 된 신자라고 할 수 없습니다. 예수께서 나를 위해 행하신 일들을 자기 입으로 말하는데도, 그의 지성과 정서와 의지가 전혀 작동되지 않는다면 아직 믿음의 실체가 없는 상태로 봐야 합니다. 예수님의 성육신과 고난과 죽으심과 부활 사건 등이 자신과 아직 상관없다고 인식하기 때문입니다. 그렇다고 이런 교인들을 퇴출시키면 안 되고, 하나님의 은혜로 믿음의 실체를 소유할 수 있도록, 또 우리와 동일한 신앙고백을 전인격적으로 할 수 있도록 힘써 조력해야 합니다.

여하튼 서론이 좀 길었습니다. 이제 성자 예수께서 우리를 위해 어떤 일을 행하셨는가를 하나씩 살펴보도록 하겠습니다. 경건한 마음으로 이 부분을 크게 암송해 보겠습니다.

> 그는 성령으로 잉태되어 동정녀 마리아에게서 나시고,
> 본디오 빌라도에게 고난을 받아 십자가에 못 박혀 죽으시고,
> 장사된 지 사흘 만에 죽은 자 가운데서 다시 살아나셨으며,
> 하늘에 오르시어 전능하신 아버지 하나님 우편에 앉아 계시다가,
> 거기로부터 살아 있는 자와 죽은 자를 심판하러 오십니다.

보다시피 이 부분은 예수님의 생애와 행하신 일들을 진술하고 있습니다. 먼저 우리 주 예수께서 세상에 오신 방식을 말하고 있습니다. "그는 성령으로 잉태되어 동정녀 마리아에게서 나시고." 이 부분은 예수님의 성육신 사건을 말하는 것입니다. 여기에서 우리가 절대 오해하지 말아야 할 것이 있습니다. 예수께서 2천 년 전에 '비로소' 세상에 존재하신 것으로 생각해서는 안 됩니다! 성경을 가르치다 보면 의외로 그렇게 생각하는 교인들이 있습니다. 아마 크리스마스(성탄절)의 의미를 왜곡되게 인식한 결과로 보입니다.

제2강에서 이미 살펴봤듯이, 예수님은 영원 전부터 존재하시는 분으로서 성부 하나님과 유일무이하고 독특한 사랑의 관계를 누리고 계십니다. 성부 하나님과 동일한 신성을 지니신 하나님으로 영원 전부터 존재하셨기 때문에, 당연하게 그분께는 탄생일이 있을 수가 없습니다. 단 한 순간도 성자께서 존재하시지 않았을 때가 없었습니다. 성부와 성령과 더불어 한 하나님(One God)으로서 언제나 존재하고 계십니다. 이러한 사실을 반드시 인식한 상태에서 성육신 사건을 다루어야 합니다.

그렇다면 동정녀 마리아의 몸에 성령으로 잉태되셨다는 말이 무엇입니까? 쉽게 말하자면, 표현이 좀 경박스럽긴 하지만 성령께서 하나님의 능력으로 성자 예수님을 '점'으로 축

소시켜 마리아의 몸에 집어넣으신 것입니다. 이 일 자체가 벌써 기적입니다. 무한하신 하나님의 아들께서 처녀의 몸으로 들어가셨다는 것 자체가 이미 인간의 이해력을 뛰어넘는 초자연적인 사건입니다.

사랑하는 여러분, 성자 예수께서 우리와 똑같은 모양으로 여자의 몸을 통해 이 땅에 오신 이유가 무엇일까요? 완전한 사람이 되셔서 그분의 인성(人性)에 우리의 죄와 하나님의 진노를 짊어지셔야 하기 때문입니다(하이델베르크 17문답). '하나님'이라는 본질 자체로 이 땅에 오시면 그분의 공의로운 속성상 인간의 죄를 짊어지실 수 없습니다. 따라서 하나님이신 성자(God the Son)께서 완전한 사람이 되시어, 죄 없는 사람으로서 우리의 죄를 뒤집어쓰시고 십자가의 제물이 되신 것입니다.

이러한 진술들을 들으면 우리의 마음이 숙연해져야 정상입니다. 한낱 죄인에 불과한 우리를 살리시려고 하나님이신 당신께서 한없이 추한 사람의 몸으로 들어가신 것 자체가 우리에게 거룩한 겸손을 불러일으킵니다. 그러나 거듭나기 전에 우리의 타락한 심령은 그러한 초자연적인 기적을 말씀으로 접하고도 전혀 꿈쩍도 하지 않았습니다. 도리어 그런 일은 있을 수 없는 거짓이라고 그분의 사역을 모독하기 일쑤였습니다.

하지만 지금은 우리가 성자 예수께서 성령으로 잉태되어 마리아에게서 탄생하신 사실을 믿고 있습니다. 이전에 절대 믿기지 않던 사실이 이제는 우리의 신앙고백이 되어 있습니다! 이것은 예수께서 성육신하신 것만큼 기적 같은 일입니다. 우리의 외부에서 우리를 향해 어떤 사건이 일어났다고 봐야 합니다. 그렇지 않고서는 우리 믿음의 출처를 설명할 길이 없습니다. 쉽게 말하면, 우리의 타락한 심령에 하나님을 인식할 수 있는 거룩한 감각을 성령께서 이식해 주신 것입니다.

다음 진술로 넘어가겠습니다. 성육신하신 예수님은 "본디오 빌라도에게 고난을" 받으셨습니다. 새번역 사도신경이 대체적으로 잘 번역되었지만, 이 부분에 있어서는 오역을 범하고 있습니다. "본디오 빌라도에게 고난을" 받으신 것이 아니라, 라틴어/헬라어 원문의 전치사(sub/ἐπὶ) 의미를 살려 "본디오 빌라도 치하에서 고난을" 받으셨다고 말해야 합니다.[15]

본디오 빌라도는 주후 26–36년에 유대 지방을 다스린 총독인데, 사도신경에 굳이 그의 이름이 언급된 이유는 그가 실존 인물이듯이, 예수님의 고난과 십자가 사건도 역사적인 사실임을 강조하기 위함입니다. 아무튼 빌라도는 예수님을 가리켜 "나는 그에게서 죽일 죄를 찾지 못하였나니 때려서

15 유해무, 『개혁교의학』, 94.

놓으리라”(눅23:22)고 말했지만, 오히려 유대인들이 예수님을 십자가에 못 박아야 한다고 소리쳤습니다. 물론 그들에게 넘겨준 빌라도의 죄책(罪責)이 면제될 수는 없습니다.

우리 주님은 본디오 빌라도 치하(治下)에서 말할 수 없는 “고난을 받아 십자가에 못 박혀” 죽으셨습니다. 죄인을 향한 하나님의 모든 진노를 당신께서 다 받으시고 우리 죄 때문에 하나님과 ‘일시적으로 단절되는’ 죽음의 고통을 당하셨습니다. 여러분과 제가 받아야 할 끔찍한 진노의 형벌을 성자 예수께서 대신 받으신 것입니다. 그래서 그분의 죽으심을 가리켜 우리를 위한 ‘대속적 죽음’(redemptive death)이라고 말합니다. 게다가 “장사된 지”[16]라는 말을 곧바로 덧붙이는 이유는 그분의 죽으심이 의심할 여지없이 명백하다는 것을 강조하기 위함입니다(하이델베르크 41문답).

사랑하는 여러분, 지금까지의 진술을 어떻게 인식하고 있습니까? 예수께서 당하신 고난과 십자가의 죽으심이 날 위해 절대적으로 필요한 것임을 정말로 확신하고 있습니까? 그분의 고난과 죽으심만이 유일하게 나를 구원할 수 있는 ‘대속적 고난과 죽음’이라는 사실을 참으로 믿고 있습니까? 그

16 새번역 사도신경의 각주에도 소개되어 있듯이(13쪽), “장사되셨다”(sepultus)는 말 다음에 “음부로 내려가셨다”(descendit ad inferna)가 공인된 원문(Forma Recepta)에는 포함되어 있다. 다만 한국 교회가 공인한 번역 ‘본문’에는 포함되지 않았기 때문에 이 책에서 굳이 다루지 않은 것이다. 참고로, 예수께서 “음부로 내려가셨다”는 표현에 관해 필자는 개혁자 칼뱅의 입장을 따른다(John Calvin, *Institutes of the Christian Religion*, II.xvi.10).

렇다면 여러분은 로마서 6장 4절 말씀대로, 그분의 죽으심과 합하여 세례를 받음으로 그분과 함께 장사된 의인들입니다. 또한 여러분의 옛 사람이 예수님과 함께 십자가에 못 박혔음을 이미 믿고 있는 복된 성도들입니다(롬6:6).

우리는 사도신경을 암송할 때마다 성자 예수님의 고난과 죽으심을 고백하는 순간에 숭고한 마음을 가져야 합니다. 인류 역사를 통틀어 가장 위대한 고난과 죽음을 고백하는 순간이기 때문입니다. 이러한 마음의 훈련은 십자가의 복음을 경건하게 묵상하는 최고의 방법입니다. 우리는 고대 성도들이 사도신경을 통해 표현하고자 했던 신앙적 엄숙함과 하나님을 향한 경외심을 회복해야 합니다. 그분의 고난과 죽으심이 우리의 구원을 위해 절대적으로 필요한 것임을 전심으로 믿어야 합니다.

그러나 예수님의 죽으심으로 모든 일이 끝난 것이 아니었습니다. 그분은 "사흘 만에 죽은 자 가운데서 다시 살아나셨습니다!" (참고로, 예수님의 죽으심과 부활 사건을 우리가 '복음'이라고 부릅니다.) 죄의 지배 수단인 사망을 극복하시고 하나님의 권능으로 영광스럽게 부활하셨습니다. 우리가 죄의 권세로부터 해방될 수 있는 근거가 바로 여기에 있습니다. 죄는 사망을 통해 우리를 지배하는데 예수님이 우리 죄를 뒤집어쓰시고 죽으시고 부활하셨기 때문에, 우리를 지배하는 죄와 사망의 권세를 당신의 부활로 깨뜨리신 것입니다. 따라서 우리에게 더 이상 죄와 사망이 왕 노릇 할 수 없습니다. 이 복된 소식을 굳게 확신하기 바랍니다!

예수님의 죽으심이 우리를 위한 것이었듯이, 그분의 부활 사건도 우리를 위한 것입니다. 로마서 4장 25절은 "예수는 우리가 범죄한 것 때문에 내줌이 되고, 또한 우리를 의롭다 하시기 위하여 살아나셨느니라"고 말씀합니다. 즉, 우리 죄인이 하나님 앞에서 의롭다 하심을 받는 것은 그분의 부활에 기초한다는 뜻입니다. 그렇다면 그분의 부활이 취소되지 않는 한, 의인이라는 우리의 신분도 절대 취소될 수 없다는 말입니다. 또한 그리스도께서 부활하신 것처럼 우리도 새 생명 가운데 그분과 함께 살아가고 있습니다(롬6:4). 이것은 우리가 그분의 죽으심에 연합되었듯이 또한 그분의 부활에도 연합한 자가 되었기 때문입니다(6:5). 이처럼 그분의 부활이 바로 우리의 부활, 나의 부활이라는 사실을 믿음으로 확신하기 바랍니다!

부활하신 우리 주님은 이 땅에 40일 동안 머무시다가 마침내 하늘로 올라가셨습니다. 하늘로 올라가셨다는 말을 두 글자로 '승천'(昇天)이라고 표현합니다. 예수께서 올라가신 그 하늘은 우리 눈에 보이는 대기권이나 우주를 말하는 것이 아닙니다. 하나님께서 계신 영광의 처소를 의미합니다. 바울의 표현을 빌리자면 그곳은 "셋째 하늘"이자 영광스러운 "낙원" 입니다(고후12:2,4). 이처럼 예수님은 부활하시고 승천하심으로써 지극히 높은 영광을 받으신 것입니다.

하늘로 올라가신 예수님은 지금 하나님 아버지의 우편에 앉아 계십니다. 앉아서 가만히 계시는 것이 아니라, 앞서 언급한 것처럼 '그리스도'로서 선지자와 제사장과 왕의 직분을 우리를 위해 수행하고 계십니다. 그렇기 때문에 앉아 계신다는 말을 반드시 문자적으로만 해석할 필요는 없습니다. 여하튼 예수님은 하나님 우편에 앉아 계시면서 하나님의 말씀과 성령으로 우리에게 하나님의 뜻을 계시하시고, 우리를 위한 중보자가 되셔서 하나님 아버지께 우리를 대신하여 간구하시며, 또 아버지께 받은 권능으로 교회와 세상을 공의롭게 다스리고 계십니다.

그런데 예수께서 이런 일을 계속하시며 하나님 우편에 영원히 앉아 계시기만 할까요? 그렇지 않습니다. 사도신경이 고백하는 것처럼, "거기로부터 살아 있는 자와 죽은 자를 심판하러 오십니다!" 특히 죽은 자를 심판하러 오신다는 말은, 주님이 재림하실 때 이 땅에서 죽은 모든 사람들을 부활시키겠다는 뜻입니다. 의인과 악인을 모두 부활시켜서 그리스도의 심판대 앞에 세우시겠다는 의미입니다(요5:29; 고후5:10). 물론 그날까지 살아 있는 자들은 산 채로 자신들의 몸이 부활체로 변형될 것입니다.

사랑하는 여러분, 과연 우리는 예수님의 다시 오심(재림)을 얼마나 고대하고 있습니까? 우리도 예수님과 같은 영광스러운 부활체를 입게 될 그날을 정말로 사모하고 있습니까? 이 세상에서 우리가 어떤 역경과 고난을 당하더라도 소망을 가질 수 있는 까닭은, 성자 예수께서 "하나님의 나팔 소리로 친히 하늘로부터" 강림하실 것(살전4:16)이기 때문임을 확신하기 바랍니다!

그날이 오면 온 세상이 완전한 하나님의 나라(천국)로 완성될 것입니다. 온 세상이 새 하늘과 새 땅으로 변화되어, 우리가 발을 딛고 있는 이곳에 더 이상 죄가 없고 오로지 하나님의 영광스러운 임재로 충만하게 될 것입니다. 재림 전까지 낙원에 가 있는 성도의 영혼은 예수께서 그날에 함께 데리고 오셔서(살전3:13; 4:14) 영광스러운 부활체를 입게 하실 것입니다. 그리하여 모든 성도들이 삼위 하나님의 모습을 생생하게 바라볼 것입니다. 살아 있는 자와 죽은 자를 심판하러 오시는 그날이 우리에게는 영광스러운 날이 될 것이지만, 그리스도를 모르는 그들에게는 치욕의 날이 될 것입니다.

이제 3강을 마무리하겠습니다. 여러분은 성자 예수께서 하나님의 유일하신 아들이심과, 우리의 주님이자 그리스도이심을 정말로 믿고 있습니까? 또 예수님이 완전한 사람이 되셔서 우리 죄를 뒤집어쓰시고 십자가에 죽으시고 사흘 만에 부활하셨음을 참으로 확신하고 있습니까? 그리고 하늘로 올라가셔서 하나님 아버지의 우편에 앉아 계시면서 우리를 위해 그리스도의 직분을 수행하고 계심을 진짜로 믿고 있습니까?

그렇다면 여러분과 저는 다시 오실 예수님을 간절히 기다리며 이 세상을 살아가야 합니다. 이 세상에서의 우리 삶이 아무리 힘들어도, 마지막 그날에 재림하셔서 살아 있는 자와 죽은 자를 심판하실 예수님의 위로를 묵묵히 기다려야 합니다. 그날이 오면 여러분의 모든 눈물을 예수께서 친히 닦아 주실 것입니다. "다시는 사망이 없고 애통하는 것이나 곡하는 것이나 아픈 것이 다시 있지" 아니할 것입니다(계21:4). 참으로 그날이 기다려지지 않습니까? 사도신경을 매주 암송할 때 이러한 주님의 위로를 깊이 묵상하기를 간절히 바랍니다. 아멘.

내용 확인하기

1. 예수께서 우리와 같은 모양으로 성육신하신 이유를 설명해 보라(하이델베르크 17문답).

2. 성자 예수께서 나를 대신하여 당하신 죽음을 무엇이라고 표현하는가?

3. 십자가의 죽으심 다음에 "장사된 지"라는 말을 덧붙이는 이유가 무엇인가?

4. 그리스도의 부활 사건이 어떤 맥락에서 우리의 부활이 되는지 설명해 보라.

17문. 왜 동시에 그분은 참 하나님이셔야 합니까?

그분께서 자신의 신성의 능력에 의해 하나님의 진노의 짐을 자신의 인성으로 짊어지실 수 있기 위해서, 또한 우리에게 의와 생명을 얻게 하여 우리를 다시 태어날 수 있도록 하기 위해서입니다.

삶에 적용하기

1. 예수님의 성육신이 갖는 의미를 그분을 따르는 내 인생에 어떻게 적용해 보겠는가?

2. 예수님이 나의 죄를 뒤집어쓰시고 십자가에 죽으셨음을 진정으로 믿고 있는가? 그 믿음이 나의 일상 가운데 어떤 영향을 미치고 있는가?

3. 또한 예수께서 죄와 사망의 권세를 깨뜨리시고 영광스럽게 부활하셨음을 참으로 믿고 있는가? 부활의 믿음이 나의 인생에 어떤 영향을 미치고 있는가?

4. 하나님 우편에 앉아 계신 예수께서 세상을 심판하러 오실 것을 정말로 믿고 있는가? 그렇다면 그날을 맞이하기 위해 현재 내가 어떤 마음으로 살아야겠는가?

나는 믿습니다!
성령 하나님을

Credo in SPIRITUM SANCTUM

성령 하나님을 향한

믿음의 고백

4

올인원 사도신경

내용
한눈에
보기

제4강: 성령 하나님을 향한 믿음의 고백

1. '믿는다' 는 말의 의미

· 우리가 삼위 하나님과 '연합' 되어 있다는 의미이다.

· 삼위 하나님 이외의 다른 대상에게는 거의 사용하지 않는다.

· 단, 하나님의 도구로 쓰임 받는 인물에 한하여 사용할 수 있다.

2. 성령 하나님을 향한 믿음의 고백

· 전반부는 성령님을 향한 신앙고백을, 후반부는 성령께서 무슨 일을 행하셨는지를 말한다.

· 전반부: **성령을 믿음**

– 내가 성령님과 연합되어 있다는 사실을 믿는다.

– 성령께서 하나님이라는 사실을 믿는다.

· 후반부 핵심 개념

– **공교회**: 모든 계층과 모든 부류의 사람들을 포함하는 보편 교회.

– **성도의 교제**: 자신의 재능과 은사를 다른 성도의 유익을 위해 사용함.

– **죄의 용서**: 죄를 용서 받는 것과 죄를 용서해 주는 것.

– **몸의 부활**: 주님과 같이 영광스러운 부활체를 입게 됨.

– **영생**: 지금과 비교할 수 없는 영광스러운 삶, 삼위 하나님을 생생히 아는 삶.

내용
연구
하기

이제 사도신경 강해의 마지막 순서입니다. 이쯤 되면 여러분은 제가 사도신경의 구조에 맞춰 설교를 진행하고 있다는 사실을 짐작할 것입니다. 제1강에서는 사도신경의 서론과 성부 하나님에 관한 부분을, 제2-3강에서는 성자 예수님에 관한 부분을 다루었고, 이번 4강에서는 마지막으로 성령 하나님에 관한 부분을 다루게 됩니다. 이번 강(講)에서 다루게 될 부분도 많은 경우에 잘못 이해되고 있습니다. 이제부터 한 단어 또는 한 의미 단위씩 묶어서 차근차근 살펴보도록 하겠습니다.

우선 성령 하나님에 관한 부분을 큰 소리로 암송해 보겠습니다.

> 나는 성령을 믿으며(Credo in SPIRITUM SANCTUM),
> 거룩한 공교회와, 성도의 교제와,
> 죄를 용서받는 것과,
> 몸의 부활과,
> 영생을 믿습니다. 아멘.

보다시피 사도신경의 세 번째 부분에서도 "나는 믿습니다!"(Credo)라는 말로 시작합니다. 물론 위의 새번역 사도신경에서는 번역상의 이유로 "나는 성령을 믿으며"라고 되어 있습니다. 성령 하나님에 대한 이 부분도 크게 둘로 나뉩니다. 먼저 성령님을 믿는다는 고백과, 다음으로 그분이 행하시는 사역들입니다. 우리는 먼저 "나는 믿습니다!"라는 표현에 담긴 깊은 뜻을 분명히 알아야 합니다.

사랑하는 여러분, 우리가 성령님을 '믿는다'고 말할 때 그 의미가 무엇일까요? 성경을 세밀하게 살펴보면, '믿는다'는 말이 삼위 하나님 이외의 다른 대상에게는 극도로 자제되고 있음을 알 수 있습니다. 그러니까 하나님 외에 다른 피조물에 대해서는 '믿는다'라는 표현을 거의 사용하지 않습니다. 물론 하나님이 세우신 모세와 같은 종을 '믿는다'라는 말은 사용됩니다(출14:31). 이것도 어디까지나 모세를 하나님과 따로 떼어 생각할 수 없다는 전제하에서 그렇습니다. 그가 철저하게 하나님의 도구로 쓰임 받았기 때문에, 그를 믿는다는 말은 결국 하나님을 믿는다는 말이 됩니다.

성경의 진술들을 종합해 볼 때, 우리가 하나님을 믿는다는 말은 우리가 하나님과 '연합되어 있다'는 의미입니다. 사도신경의 "나는 믿습니다!"(Πιστεύω εἰς)라는 말의 헬라어 원문을 보면, 그 같은 사실을 알 수 있습니다. 여기에 나오는 헬라어 전치사 에이스(εἰς)는 '…안으로'라는 뜻인데, 이것이 이미 믿음의 대상과 연합되어 있다는 사실을 나타냅니다. 제2강에서 말했듯이 사도신경은 처음에 로마 교회에서 사용한 세례 예식문에서 비롯되었습니다. 예식문의 내용대로 "성부 하나님, 성자 예수님, 성령 하나님을 믿습니다"라고 정확하게 고백해야 세례를 받을 수 있습니다. 다시 말해, 삼위 하나님과 자신이 '연합'된 사실을 믿어야 세례를 받을 수 있다는 뜻입니다.

흥미롭게도 우리가 예수님을 '믿고' 삼위 하나님의 이름으로(εἰς) 세례를 받는다는 것이 이미 그런 의미를 내포하고 있습니다. 승천하시기 전에 예수께서 제자들에게 "아버지와 아들과 성령의 이름으로(εἰς) 세례를 베풀고"(마28:19)라는 명령을 주실 때도, "나는 믿습니다!"(Πιστεύω εἰς)라고 말할 때와 똑같은 전치사(εἰς)가 사용되었습니다. 더욱이 사도 바울은 우리가 "그리스도 예수와 합하여(εἰς) 세례를 받았다"고 분명히 말합니다(롬 6:3). 이처럼 그리스도를 믿고 세례를 받는다는 말은 믿음의 대상인 삼위 하나님과 연합되어 있다는 뜻입니다.

우리가 사도신경을 암송할 때마다 우리 믿음의 고백에 이러한 내용이 담겨 있다는 사실을 기억해야 합니다. 그렇다면 "나는 성령을 믿습니다!"라고 말할 때 이미 나 자신이 성령님과 연합되어 있다는 뜻이고, 또한 성령님을 하나님으로 고백한다는 뜻입니다. 성부 하나님과 성자 예수님께 적용되는 단어가 똑같이 성령님께 적용된다는 사실을 기억하기 바랍니다.

예수님과 합하여 세례를 받은 여러분은 과연 성령께서 하나님이심을 믿습니까? 교리적으로 그저 동의하는 수준이 아니라 나의 오감으로 또는 전인격적으로 그 사실을 믿느냐는 말입니다. 성경에서 성령님이 불, 물, 바람 같은 여러 사물에 비유되고 있어서 어떤 사람들은 성령님을 단지 하나님의 '능력'이나 '기운' 정도로 생각하려고 합니다. 또 성령님은 우리 눈에 보이지 않는 영(Spirit)이시기 때문에 더욱이 우리의 인식 체계에 잘 감지되지 않는 것 같습니다.

그러나 성경의 무수한 증거들을 살펴볼 때, 우리는 성령님을 하나님으로 고백해야 합니다. 아나니아와 삽비라 부부가 자신들이 처분한 땅값을 두고 거짓말을 했을 때, 베드로가 그들에게 성령을 속였다고 책망하면서 이분(성령님)이 곧 하나님이심을 증거했습니다(행5:3-4). 그리고 축도('축복선언' 또는 '강복선언')로 사용하는 고린도후서 13장 13절에서도 성령님이 예수님과 성부 하나님과 함께 언급됨으로써 동일한 신성을 지니신 하나님으로 증거되고 있습니다. 이외에도 수많은 구절들이 성령님을 하나님으로 증거하고 있습니다.

그런데도 많은 교인들이 마치 성령님을 자기가 기도하는 대로 움직이는 '부하 직원'처럼 생각하려고 합니다. 기도원에 가서 열심히 기도하여 '성령을 받으면' 어떤 일이든지 형통하게 해낼 수 있을 것 같은 착각에 빠지기도 합니다. 심지어 목회자들 중에서도 성령의 능력을 받아 목회적 '성공'을 꿈꾸는 자들이 있습니다. 또 어떤 사람들은 신통한(?) 사역자에게 찾아가 안수 기도를 통해 성령 받기를 원하는데, 많은 경우에 이런 자들은 성령을 받아서 자신의 야망을 이루는 일에 아주 혈안이 되어 있습니다.

그러나 우리가 참으로 성령님을 하나님으로 고백한다면, 성령의 충만한 임재 앞에 겸손할 줄 알아야 합니다. 신통한 사역자가 안수 기도를 해 준다고 해서 우리가 성령을 '비로소' 받는 것이 아닙니다. 사도행전에서 사도들에 의해 성령 받음을 말하는 본문들은 당시 시대전이적(時代轉移的)인 측면과 1세기 사도들의 권위와 관련하여 신중하게 이해해야 합니다. 그분들이 경험한 성령 체험을 오늘 우리에게도 획일적으로 적용해서는 매우 곤란합니다. 물론 '성령 충만'의 관점에서 보면 오늘 우리에게도 분명히 연속되는 은혜의 측면이 있습니다. 여하튼 우리는 예수님을 믿고 거듭나는 그 순간에 이미 성령을 받았다고 생각해야 합니다. 왜냐하면 성령께서 우리 안에 구원의 믿음을 일으키심과 동시에 우리 안에 내주(內住)하시기 때문입니다.

그러므로 우리는 이미 우리 가운데 내주하시는 성령님이 하나님으로서 우리를 다스리신다는 의식을 분명히 가져야 합니다. 우리 안에 내주하신다고 해서 우리 몸의 어떤 공간에 갇혀 계신다는 의미로 생각해서는 안 됩니다. 그리스도를 믿는 우리 모두와 또는 각 개인과, 세상에서 찾아볼 수 없는 아주 친밀한 관계를 가지신다는 뜻으로 이해해야 합니다. 우리가 예수님을 믿는 이상 성령께서 우리를 절대로 떠나지 않으시기 때문에[17], 우리 그리스도인의 삶은 성령님과 동행하는 삶이라고 할 수 있습니다. 우리가 하나님의 말씀에 순종하며 살아갈 때 성령님이 우리를 은혜로 충만하게 하셔서, 세상 가운데 능력 있는 성도들로 살아가게 하심을 굳게 믿어야 합니다.

이제 우리는 성령께서 행하시는 사역들에 대해 살펴볼 것입니다. 앞서 언급했듯이, 이것은 성령 하나님에 관한 내용 중에 두 번째 부분입니다. 경건한 마음으로 이 부분을 암송해 보겠습니다.

거룩한 공교회와, 성도의 교제와,
죄를 용서받는 것과,
몸의 부활과,
영생을 믿습니다. 아멘.

결론부터 말하자면, 성령께서 행하시는 주된 사역은 성자

17 엄밀히 말하면, 성령께서 우리의 믿음을 붙들고 계시기 때문에 우리가 예수님을 믿는 것이다.

예수님을 높이고 그분을 증언하는 것입니다. 따라서 성령의 특별한 임재를 체험했다거나 성령을 받았다고 말하는 사람이 만일 예수님 외에 자기 자신이나 다른 것들에 성도의 이목을 집중시킨다면, 단언컨대 그 사람은 거짓 교사입니다! 왜냐하면 예수님이 분명히 "진리의 성령이 오실 때에 그가 나를 증언하실 것이요"(요15:26)라고 말씀하셨기 때문입니다.

사도신경의 세 번째 부분도 마찬가지입니다. 우리가 성령님을 믿고 그분이 행하시는 사역들을 믿는다고 고백하지만, 사실 성령께서 행하시는 사역의 내용들을 보면 성자 예수님이 이미 성취하신 일들입니다. 예수님이 이루신 십자가의 복음을 믿는 모든 사람들이 곧 "거룩한 공교회"이고, 예수님을 따르는 사람들의 사귐이 곧 "성도의 교제"입니다. 그리고 "죄를 용서 받는 것"도 예수님이 행하신 십자가 사역을 통해서 가능한 일이며, 또 "몸의 부활"과 "영생"도 마찬가지로 예수님이 성취하신 일들입니다.

그렇다면 성령 하나님이 행하시는 사역을 어떻게 표현하는 것이 지혜로울까요? 성자 예수님이 2천 년 전에 십자가를 통해 '성취'하신 모든 일들을, 성령께서 오늘 우리에게 초시간적으로 '적용'하신다고 말하는 것이 가장 지혜롭고 성경적인 표현입니다. 성령님은 하나님이시기 때문에 2천 년 전에 성취된 구속 사역의 효력을, 시간을 뛰어넘어 모든 시대에 살아가는 성도들에게 충분히 적용하실 수 있습니다. 한 가지를 덧붙여 정리하자면, 성부 하나님은 구속 사역을 '계획'(또는 '주도')하셨고, 성자 예수님은 그 일을 '성취'하셨으며, 성령 하나님은 그 일을 '적용'하시는 분입니다. 따라서 삼위 하나님이 각기 다른 사역을 행하시는 것이 아니라, 각 위격이 모두 동일한 사역을 공동으로 행하시는 것입니다.

성령 하나님이 우리에게 적용하시는 사역 중에 첫 번째가 "거룩한 공교회"(sanctam ecclesiam catholicam)입니다. 이전 사도신경 번역에는 "거룩한 공회"라고 되어 있는데, 이것은 명백하게 잘못된 번역입니다. '공회'라고 번역하면 신약에 나오는 '산헤드린'이라는 공회와 혼동할 위험성이 있습니다. 만약 그렇게 되면 우리는 예수님을 십자가 처형으로 몰고 간 산헤드린(공회)을 믿는다고 고백하는 꼴이 됩니다. 실제로 어떤 이단은 이것을 트집 잡아 사도신경을 고백하는 정통 교회를 무차별적으로 공격하기도 합니다. 여기에서 우리는 제대로 된 번역이 얼마나 중요한가를 발견하게 됩니다.

다행히도 새번역 사도신경에는 '공교회'라는 단어로 제대로 번역되어 있습니다. '공교회'(公敎會)라는 말을 국어사전에서 찾아보면, 놀랍게도(?) '가톨릭교회'라고 풀이되어 있습니다. 그렇게 되면 우리가 '가톨릭교회'를 믿는다고 고백하는 것입니다. 아마 대부분의 성도들이 이에 대해 매우 당혹스러

워할 것 같습니다. 왜냐하면 많은 교인들이 반사적으로 '천주교회'를 가톨릭교회라고 생각하기 때문입니다. 그런데 놀랍게도 사도신경의 라틴어/헬라어 원문에도 분명하게 "가톨릭교회"(ecclesiam catholicam / καθολικην εκκλησίαν)라고 되어 있습니다.

잠시 교회 역사에 대해 간략하게 말씀하려고 합니다. 사도신경 원문에 나와 있는 것처럼, 1세기 초대 교회는 분명히 거룩한 '가톨릭' 교회입니다. '가톨릭'(Catholic)이라는 말은 '보편적인' 또는 '세계적인'이라는 뜻입니다. 이 말은 모든 계층과 모든 부류의 사람들을 다 포함한다는 뜻입니다. 따라서 '가톨릭교회'는 흑인종이나 백인종이나 황인종이나, 남자나 여자나, 부자나 가난한 자나, 똑똑한 사람이나 못 배운 사람이나, 어른이나 어린아이나 할 것 없이 모든 부류의 사람들이 오직 그리스도의 이름으로 모인 하나의 공동체라는 뜻입니다.

이런 보편적인(Catholic) 교회가 안타깝게도 중세 1,000년을 지나면서 하나님의 말씀에서 벗어나 타락하고 말았습니다. 그러자 하나님은 16세기에 루터나 칼뱅 같은 위대한 '개혁자들'(Reformers)을 세우시고, 그리스도의 몸 된 유럽 대륙의 교회를 로마 교황으로부터 벗어나게 하셔서 초대 교회의 모습처럼 다시 거룩한 '가톨릭교회'로 회복시키셨습니다. 이때 하나님의 말씀으로 개혁된 교회를 가리켜 우리가 '개혁교회'(Reformed Church)라고 부릅니다.

그리고 유럽 대륙을 벗어나 스코틀랜드에 정착한 개혁교회가 나중에 '장로교회'(Presbyterian Church)라고 불리게 됩니다. 따라서 '개혁교회'와 '장로교회'는 서로 명칭만 다를 뿐이지, (물론 역사적 맥락에서 보면 세부적으로 차이점은 있지만) 사실상 같은 교회라고 할 수 있습니다. 스코틀랜드에서 시작된 이 '장로교회'가 17세기에 미국으로 건너갔고, 이후 19세기 말에 우리나라로 들어오게 된 것입니다. '대한예수교장로회'라는 타이틀을 가진 대한민국의 모든 장로교회의 역사적인 뿌리가 바로 여기에 있습니다.

그런데 16세기 개혁자들에 의해 사도신경이 말하는 '가톨릭교회'의 모습으로 교회가 다시 회복되었지만, 문제는 이 좋은 명칭을 여전히 로마 천주교가 사용하고 있다는 데에 있습니다. 따라서 그들은 이름만 '가톨릭교회'이지, 사실은 전혀 가톨릭교회가 아닙니다! 오히려 우리가 진정한 가톨릭교회입니다. 그렇지만 이 좋은 명칭을 그들이 계속 사용하고 있는 한, 우리가 똑같은 명칭을 사용하지 않는 것이 지혜롭습니다. 그래서 라틴어/헬라어 원문에 비록 '가톨릭교회'라고 되어 있더라도, 새번역 사도신경에는 한자어로 번역해서 '공교회'(公敎會)라고 표현하는 것입니다.

사랑하는 여러분, 바로 우리가 "거룩한 공교회"를 회복한 '장로교회'(또는 '개혁교회')라는 사실에 자부심을 가지기 바랍니다. 왜냐하면 목숨을 걸고 하나님의 말씀대로 교회를 개혁하려고 했던 개혁자들의 숭고한 희생이 담겨 있기 때문입니다(물론 그 후로 역사적 정황에서 생겨난 다른 모든 교단들도 포함하는 말입니다). 우리나라에서도 일제 강점기 때 수많은 '장로교' 목사들이 목숨을 걸고 신사참배(神社參拜)를 반대하며, 하나님의 말씀대로 교회를 세우며 섬기려고 했습니다. 이제 그들의 후예(後裔)인 우리도 장로교회(또는 개혁교회)의 성도로서 목숨을 걸고 세상의 가치를 거부하며 "거룩한 공교회"를 이 땅 가운데 실현해 가야 합니다.

이 일을 실현해 가는 방법 중의 하나가 바로 "성도의 교제"(ἁγίων κοινωνίαν)입니다. '성도'(聖徒)는 '거룩한 무리'라는 뜻으로, '교회'의 또 다른 표현입니다. 왜냐하면 교회는 건물이 아닌, 예수님을 믿어 거룩하게 된 신자들을 뜻하기 때문입니다(고전1:2). 교회인 성도들이 서로 교제를 나누는 것을 피상적으로 생각해서는 곤란합니다. 그저 주일마다 얼굴 한번 보고 인사하는 것으로 만족해서는 안 된다는 뜻입니다.

"성도의 교제"는 성도 개개인이 자신의 재능과 은사를 다른 성도들의 유익을 위해 기꺼이 사용하는 것을 말합니다(하이델베르크 55문답). 물질을 서로 나누는 것도 정말 위대한 성도의 교제입니다. "교제"는 헬라어로 '코이노니아'(κοινωνία)라는 말인데, 사도 바울은 가난한 성도들을 위한 구제 헌금을 종종 '코이노니아'라고 표현했습니다(고후8:4; 9:13). 따라서 우리도 곤경에 처한 성도들을 위해 우리의 물질을 가지고 실제적으로 섬기며 성도의 교제를 실천해야 합니다.

그리고 성령께서 행하시는 사역들 중에 우리가 "죄를 용서 받는 것"을 믿어야 합니다. "거룩한 공교회"와 "성도의 교제" 다음에 "죄를 용서 받는 것"을 언급하는 이유는, 진정한 '죄 용서'가 그리스도의 몸 된 교회 안에 있다는 것을 일차적으로 뜻하기 때문입니다. 교회 안의 누군가가 사죄 선언을 해야 죄를 용서 받는다는 뜻이 아니라, 그리스도께서 우리 죄에 대한 형벌을 자신의 몸에 다 받으셨기 때문에 그분의 신비한 몸 된 교회 안에 있을 때 하나님으로부터 오는 진정한 용서가 있다는 뜻입니다.[18] 그러므로 교회를 떠나서는 어느 누구도 "죄를 용서 받는 것"을 기대할 수 없습니다.

"죄를 용서 받는 것"(remissionem peccatorum)에 담긴 또 다른 의미가 있습니다. 원문을 직역하면 "죄의 용서"인데, 이 말은 "죄를 용서하는 것"으로도 번역될 수 있습니다. "성도의 교제" 다음에 이 표현이 나온 것을 고려한다면, "성도의 교제"의 일환으로서 서로의 죄를 용서해 준다는 의미가 매우 강합

18 이승구, 『사도신경』, 379.

니다. 더욱이 사도신경의 '세 번째 부분'이 성령의 사역이라는 점을 감안할 때, 그리스도를 통하여 하나님께 이미 죄 사함을 받은 성도가 성령 안에서 서로에게 기꺼이 행하는 '죄 용서'(또는 '사죄')라고 해석하는 것이 더 타당해 보입니다.[19]

저는 수년 전에 뉴스를 통해 이러한 죄 용서를 생생하게 느낀 적이 있습니다. 2015년 6월에 미국 사우스캐롤라이나주(州)의 이매뉴얼 아프리칸 감리교회(Emanuel African Methodist Episcopal Church)에서 총기 난사 사건이 발생하였습니다.[20] 루프(Dylann Storm Roof)라는 백인 청년이 이 교회의 수요 성경공부 모임에 참석하는 것처럼 찾아가 가만히 앉아 있다가, 갑자기 권총을 꺼내서 그 교회의 담임목사를 포함하여 9명의 성도를 잔인하게 쏴 죽였습니다. 그 이유는 단지 흑인들이 미국을 떠나야 한다고 생각했기 때문입니다.

그런데 이 교회 성도들의 반응이 미국 전역을 떠들썩하게 만들었습니다. 왜냐하면 희생자들의 유족들이 오열을 하면서도 한결같이 이 백인 청년을 용서한다고 법정에서 증언했기 때문입니다. 어떤 성도는 이렇게 말했습니다.

> "우리는 두 팔을 벌려 너를 성경 모임에 받아들였지만, 너는 내가 알기로 세상에서 가장 아름다운 사람들을 죽였다. 내 몸에 있는 살

---

19 유해무, 『개혁교의학』, 93.

20 박소영, "살점 하나하나 다 아프지만 용서할게", 『한국일보』 2015년 6월, http://www.hankookilbo.com/v/c5407443eb8746518e72d911624fa19c.

오라기 하나하나가 모두 아프고 나는 예전처럼 살아가지 못하겠지만, 하나님께서 너에게 자비를 베풀기를 기도하겠다."

이 사건으로 엄마를 잃은 어떤 성도는 "너를 용서해 달라고 하나님께 기도하겠다"고 말하며, "엄마를 다시 안을 수 없고 함께 얘기를 할 수도 없으며 많은 이들이 너 때문에 고통스럽지만, 하나님은 너를 용서하실 것이고 나도 너를 용서한다"고 증언했습니다. 심지어 이날 희생된 또 다른 목사의 손녀인 어떤 성도는 "할아버지(대니얼 시먼스 목사)와 다른 희생자들이 증오의 손에 의해 돌아가셨지만, 모두가 당신의 영혼을 위해 기도하고 있다"고 말하며, "이는 우리가 사랑으로 살아왔으며 이번 사건도 사랑을 유산으로 남길 것이며 증오는 결코 사랑을 이길 수 없다는 것을 보여주는 증거"라는 말로 법정에서 울며 증언하였습니다.

사랑하는 여러분, 이런 수준의 용서가 바로 성도가 죄를 진정으로 용서해 주는 것입니다. 자신의 가족을 총으로 쏴 죽인 원수를 용서하며 오히려 그 영혼이 구원받기를 기도하는 이 성도들의 모습에서 "죄를 용서 받는 것"과 "죄를 용서하는 것"이 무엇인지 깊이 깨달을 수 있습니다. 자신의 독생자를 죽인 죄인들을 용서하시는 하나님의 끝없는 사랑이 그들에게 재현된 것입니다. 우리의 죄 때문에 성자 예수님이 죽으셨지만, 오히려 성부 하나님은 아들의 죽으심을 통해 우리에게 죄 용서를 베풀어 주셨습니다.

죽음도 가로막지 못하는 이러한 '죄 용서'가 가능한 이유가 무엇일까요? 바로 우리가 "몸(육신)의 부활"(carnis resurrectionem)을 믿기 때문입니다. 우리 성도들은 이 세상에서 어떤 고난과 역경을 당하더라도, 마지막 날에 주님과 같이 영광스러운 몸으로 부활하게 될 것을 굳게 믿어야 합니다! 우리의 육신이 비록 세월호 참사(2014년)와 같은 사고를 당해 깊은 바다에 수장(水葬)되거나, 대구지하철 화재(2003년) 때처럼 뜨거운 불에 타서 재가 되더라도 성자 예수님이 마지막 날에 재림하셔서 우리의 몸(육신)을 가장 아름답고 영광스러운 모습으로 부활시켜 주실 것을 확신해야 합니다. 물론 이런 부활의 교리가 재앙을 당한 그들에게 어설픈 위로가 되어 도리어 상처가 되지 않도록 각별하게 주의해야 합니다.

주님의 재림 때에 "몸(육신)의 부활"을 경험한 우리는 마침내 "영생"(vitam æternam)에 들어가게 될 것입니다. 그렇다고 지금 여러분의 고달픈 삶이 시간적으로 영원히 계속된다고 생각하면 큰 오산(誤算)입니다. 그날이 오면 우리가 사도신경에서 고백하듯이 삼위 하나님을 믿는 것이 얼마나 영광스럽고 복된 일인가를 생생하게 느끼며 알게 될 것입니다. 이것이 바로 영생입니다(요17:3). 그렇기 때문에 재림 때 새롭게 시작되는 우리의 '영원한 삶'(영생)은 지금과는 도무지 비교할 수 없는 영광스러운 삶이 될 것입니다. 이 사실을 확실히 믿기 바랍니다! 그날이 되면 세상의 모든 사람들이 우리가 하나님의 영광스러운 자녀라는 사실을 똑똑히 알게 될 것입니다.

영광스러운 자녀 여러분, "몸의 부활과 영생"이 참으로 기다려집니까? 그렇다면 이제 우리가 사도신경에서 고백하는 성부, 성자, 성령 하나님을 더욱 신뢰하며 그분(삼위)을 날마다 기뻐해야 합니다. 하나님이 우리에게 궁극적으로 주시려고 하는 부활과 영생을 학수고대하면서, "거룩한 공교회와 성도의 교제와 죄를 용서하는 것"을 날마다 실천해야 합니다. 날마다 우리에게 구속의 은혜를 '적용'하시는 성령님을 굳게 의지하며, 그분과 온전히 동행하기를 간절히 기도합니다. 아멘.

내용 확인하기

1. "나는 믿습니다!"라는 말의 의미를 구체적으로 설명해 보라.

2. 성령께서 하나님이심이 성경의 어느 본문에서 증거되고 있는가?

3. 우리가 진정한 '가톨릭교회'라는 말이 무슨 의미인지 대답해 보라.

4. "성도의 교제"가 무슨 뜻인지, 하이델베르크 55문답의 언어로 말해 보라.

55문. 당신이 "성도의 교제"라는 말을 통해 이해할 수 있는 것은 무엇입니까?

첫째, 신자 모두, 그리고 신자 각자는 지체로서 주 그리스도와 교제하며 그의 모든 보화와 은사를 함께 나눈다는 것입니다. 둘째, 각자는 자신의 은사를 다른 지체의 유익과 구원을 위하여 기꺼이 그리고 즐겁게 사용할 의무가 있다는 것을 알아야 한다는 것입니다.

삶에 적용하기

1. 일상 속에서 성령 하나님을 어떻게 인식하며 살고 있는가?

2. 거룩한 '공교회성'을 회복하기 위한 구체적인 실천 방안을 말해 보라.

3. "성도의 교제"를 실천해 본 경험을 서로 나누어 보라.

4. "죄를 용서 받는 것"을 이미 경험한 성도로서 다른 사람의 "죄를 용서하는 것"을 어떤 수준으로 실천해야겠는가?

5. "몸의 부활과 영생"을 진정으로 믿으며 학수고대하고 있는가?

올인원 사도신경

부록

다시 번역한[1] 사도신경

trans. 권율 목사

나는 믿습니다!

하늘과 땅의 창조주,

전능하신 하나님 아버지를.[2]

나는 믿습니다![3]

하나님의[4] 유일하신 아들, 우리 주 예수 그리스도를.[5]

그분은 성령으로 잉태되어[6] 동정녀[7] 마리아에게서 나셨고,

본디오 빌라도 치하에서[8] 고난을 받아,

십자가에 못 박혀 죽으시고 장사되셨으며,

[음부로 내려가셨지만,][9] 셋째 날에[10]

죽은 자들로부터 부활하셨으며, 하늘[11]로 올라가셨는데,

전능하신 하나님 아버지의 우편에 앉아 계시다가,

거기로부터 살아 있는 자들과 죽은 자들을

심판하러 오실 것입니다.

나는 믿습니다!

성령님을.

거룩한 공교회[12]와, 성도의 교제와,

죄[13]의 용서와,

육신[14]의 부활과,

영생을 믿습니다. 아멘.

1 공인된 라틴어/헬라어 원문(86–87쪽)에서 직접 번역하되 영어 번역문(88쪽)도 참고하였다. 그리고 원문에 없는 단어는 작은 글씨로 처리하였다.

2 또는 "하늘과 땅의 창조주, 전능하신 하나님 아버지를 내가 믿습니다!"라고 번역할 수도 있다. 그런데 '새번역'의 어순처럼 "전능하신 하나님 아버지, 하늘과 땅의 창조주를"이라고 하지 않는 이유는, 원문에서 "나는 믿습니다!"에 연결되는 직접적인 목적어가 "전능하신 하나님 아버지"이기 때문이다.

3 이 부분이 원문에는 생략되어 있지만, 문두의 접속사 Et/Καὶ 다음에 전치사 in/εἰς로 연결되어 있기 때문에 반드시 "나는 믿습니다!"라고 번역해서 넣어야 한다.

4 원문에는 "그분의"(ejus)라고 되어 있는데, 우리말 특성상 대명사의 원래 지칭어(하나님)를 반복해 주는 것이 좋다. 게다가 바로 다음 행의 "그분"(예수 그리스도)과 구별하기 위한 목적도 있다.

5 또는 "하나님의 유일하신 아들, 우리 주 예수 그리스도를 내가 믿습니다!"라고 번역할 수도 있다. 이 부분에서 새번역의 어순은 제대로 되어 있다.

6 엄밀히 번역하자면, "잉태되셨고"라고 해야 한다. 그러나 해당 행을 하나의 의미 단위로 묶어, 문미에서 과거 시상을 한 번만 표현해 주는 것이 우리말 문법에 훨씬 더 자연스럽다. 이후에도 동일하게 적용하였다.

7 또는 "처녀"라는 쉬운 말로 번역할 수 있으나, 사도신경이라는 공적 신앙고백문의 성격상 "동정녀"라고 번역하는 것이 좋을 듯하다.

8 또는 "아래에서"라고도 번역할 수 있다. 새번역 사도신경에는 "본디오 빌라도에게"라고 되어 있는데, 이것은 라틴어/헬라어 전치사 sub/ἐπὶ('…치하에서' 또는 '아래에서')를 잘못 번역한 것이다.

9 이 부분이 우리말 번역(새번역 사도신경)에는 없지만, 공인된 라틴어/헬라어 원문에는 포함되어 있다.

10 흔히 "사흘 만에"라고 번역하지만, 원문에 나오는 서수적 표현을 그대로 따르는 것이 좋을 듯하다.

11 원문에는 "하늘들"(cælos)이라고 되어 있지만, 이 단어의 우리말 복수 개념이 없으므로 단수로 번역하였다.

12 또는 "보편 교회"로도 번역할 수 있다. 원문에는 "가톨릭교회"(eclesiam catholicam)라고 되어 있는데, 이미 로마 천주교에서 굳어진 용어이므로 이 경우에는 굳이 원문을 따를 필요가 없다.

13 원문에는 "죄들"(peccatorum/ἁμαρτιῶν)이라고 되어 있다.

14 흔히 "몸"(the body)이라고 번역하는데, 이는 영어권에서 기인한 것이다(유해무, 『개혁교의학』, 96). 원문에는 "육신"(carnis/σαρκὸς)으로 되어 있다. 물론 "육체"로도 번역할 수 있으나, '부활'과 '육신'을 연결시켜 표현하는 개역개정판의 용례(행 2:31)를 따르는 것이 좋을 듯하다.

라 틴 어 사도신경

Symbolum Apostolicum

Credo in DEUM PATREM omnipotentem;

Creatorem cæli et terræ.

Et in JESUM CHRISTUM,

Filium ejus unicum, Dominum nostrum;

qui conceptus est de Spiritu Sancto, natus ex Maria virgine;

passus sub Pontio Pilato, crucifixus, mortuus, et sepultus;

descendit ad inferna; tertia die resurrexit a mortuis;

ascendit ad cælos; sedet ad dexteram Dei Patris omnipotentis;

inde venturus (est) judicare vivos et mortuos.

Credo in SPIRITUM SANCTUM;

sanctam ecclesiam catholicam; sanctorum communionem;

remissionem peccatorum;

carnis resurrectionem;

vitam æternam. Amen.

* 출처: http://www.ccel.org/ccel/schaff/creeds2.iv.i.i.i.html

헬라어 사도신경

The Apostles' Creed in Greek

Πιστεύω εἰς ΘΕΟΝ ΠΑΤΕΡΑ,

παντοκράτορα, ποιητὴν οὐρανοῦ καὶ γῆς.

Καὶ (εἰς) ᾽ΙΗΣΟΥΝ ΧΡΙΣΤΟΝ,

υἱὸν αὐτοῦ τὸν μονογενῆ, τὸν κύριον ἡμῶν,
τὸν συλληφθέντα ἐκ πνεύματος ἁγίου, γεννηθέντα ἐκ
Μαρίας τῆς παρθένου,
παθόντα ἐπὶ Ποντίου Πιλάτου, σταυρωθέντα, θανόντα,
καὶ ταφέντα,
κατελθόντα εἰς τὰ κατώτατα, τῇ τρίτῃ ἡμέρᾳ ἀναστάντα
ἀπὸ τῶν νεκρῶν,
ἀνελθόντα εἰς τοὺς οὐρανούς, καθεζόμενον ἐν δεξιᾷ
θεοῦ πατρὸς παντοδυνάμου,
ἐκαῖθεν ἐρχόμενον κρῖναι ζῶντας καὶ νεκρούς.

Πιστεύω εἰς τὸ ΠΝΕΥΜΑ ΤΟ ἍΓΙΟΝ,

ἁγίαν καθολικὴν ἐκκλησίαν, ἁγίων κοινωνίαν,
ἄφεσιν ἁμαρτιῶν,
σαρκὸς ἀνάστασιν,
ζωὴν αἰώνιον. Ἀμήν.

* 출처: http://www.ccel.org/ccel/schaff/creeds2.iv.i.i.i.html

영 어 사도신경

The Apostles' Creed

I believe in GOD THE FATHER Almighty;

Maker of heaven and earth.

And in JESUS CHRIST his only (begotten) Son our Lord;

who was conceived by the Holy Ghost, born of the Virgin Mary;

suffered under Pontius Pilate, was crucified, dead, and buried;

he descended into hell; the third day he rose from the dead;

he ascended into heaven; and sitteth at the right hand of God the Father Almighty;

from thence he shall come to judge the quick and the dead.

I believe in the HOLY GHOST;

the holy catholic Church; the communion of saints;

the forgiveness of sins;

the resurrection of the body;

and the life everlasting. Amen.

* 출처: http://www.ccel.org/ccel/schaff/creeds2.iv.i.i.i.html

올인원 사도신경

모범답안

내용 확인 하기

제1강
p.29

1. 성경에 나오지 않는 사도신경을 우리가 입으로 고백해야 하는 이유를 말해 보라.

사도신경이 비록 영감된 성경 본문은 아닐지라도 성경의 전체 내용을 신앙고백과 관련하여 가장 잘 요약하기 때문이다. 더군다나 사도신경에 나오는 모든 표현들이 성경에서 비롯되었다(p.18).

2. 성경 본문과 사도신경(또는 교리)의 관계를 설명해 보라.

분리될 수 없는 태양과 태양 광선의 관계와 비슷하다. 태양 광선을 거부하면 태양 자체를 거부하는 것과 동일하듯이, 사도신경(또는 교리)을 거부하는 것은 성경을 거부하는 것이나 다름없다. 물론 '사도신경'이라는 정형화된 문서 자체라기보다 사도신경이 말하는 '내용'을 거부하면 그렇게 된다는 뜻이다(p.19).

3. 사도신경은 언제부터 무슨 목적으로 사용되었는가?

일반적으로 2세기 중반에 로마 교회가 사용한 세례 예식문에서 비롯되었다고 추정한다. 말 그대로, 세례를 베풀기 전에 신앙고백을 확인하려는 목적으로 사용된 것이다(p.21).

4. 사도신경의 구조를 설명해 보라.

라틴어/헬라어 원문(p.86-87)에 따르면 세 부분으로 구분된다. 각각 성부, 성자, 성령 하나님에 대한 믿음의 고백을 담고 있다. 이런 구조 자체가 성경이 말하는 삼위일체 하나님 되심을 증거하는 것이며, 더욱이 이런 사실은 하나님을 성경대로 믿고자 하는 초기 그리스도인들의 투철한 의식을 반영한 것이다(p.23).

5. "나는 전능하신 아버지 하나님, 천지의 창조주를 믿습니다!"를 고백할 때 구체적으로 무엇을 믿고 있는지, 하이델베르크 26문답의 언어로 대답해 보라.

첫째, 예수 그리스도의 아버지께서 무(無)에서 유(有)를 창조하심을 믿는다는 말이다. 둘째, 하나님의 영원한 작정과 섭리로써 온 세상을 보존하며 다스리고 계심을 믿는다는 말이다. 셋째, 예수 그리스도 때문에 성부 하나님이 나의 하나님이자 나의 아버지가 되심을 믿는다는 말이다(p.24-25).

1. 사도신경을 함께 고백하면서 감격해 본 적이 있는가?

매 주일은 아니더라도 공예배를 시작할 때 사도신경을 함께 고백하면서 자주 감격한다. 모든 성도들이 동일한 신앙고백을 함께 암송한다는 자체가 참으로 감격스럽다. 특히 한 단어 한 단어에 담긴 의미를 떠올리며 크게 암송할 때 더 큰 감격이 밀려온다.

2. 우리 공동체와 나에게 있어 하나님께서 "전능하신 아버지" 되심이 어떤 의미로 다가오는가?

우선 내가 속한 공동체에 있어서는 모든 신자의 아버지로서 당신의 작정과 섭리를 행사하여 교회를 보존하시는 분으로 다가온다. 세상이 아무리 교회를 비방해도 전능하신 하나님의 능력으로 교회의 영광스러움을 반드시 회복시키실 것이다. 또한 나 개인에서 있어서는 내 인생을 주관하셔서 하나님의 영광을 나타내시는 전능의 아버지로 다가온다. 따라서 내가 어떤 순간에 처하더라도 결코 절망하지 않으며, 내 일상을 주관하시는 아버지의 전능하심을 굳게 믿을 것이다.

3. 내가 속한 삶의 현장에, 또 우리나라의 현재 상황에 "천지의 창조주"를 구체적으로 어떻게 증거할지 고민해 보라.

내가 속한 삶의 현장에서는 나의 일상이 하나님의 도우심으로 이루어짐을 보여주면서 "천지의 창조주"를 증거할 것이다. 즉, 나의 생활과 물질마저도 무에서 유를 창조하시는 그분의 능력으로 채워진다는 사실을 입증할 것이다. 또 우리나라의 현재 상황에서는 교회인 우리가 '맘몬'이 아닌 하나님의 능력(십자가의 복음)으로 존재하고 있음을 보여 줘야 할 것이다. 전능하신 아버지께서 교회를 보존하시는 방식이 세상을 향한 우리의 섬김과 헌신이 되어야 "천지의 창조주"가 실제적으로 증거될 것이다.

내용 확인 하기

제2강 p.45

1. 사도신경 둘째 부분의 구조를 설명해 보라.

전반부는 예수님이 어떤 분이신가에 대한 것이고, 후반부는 예수님이 무슨 일을 행하셨는가에 대한 것이다. 이런 구조는 예수님이 무슨 일을 행하셨는가를 말하기 전에, 먼저 그분이 어떤 분이신가를 정확하게 고백해야 함을 말해 준다(p.36).

2. '예수'라는 이름과 '그리스도'라는 칭호의 의미를 설명해 보라.

예수라는 이름은 '구원자'라는 뜻이다. 마태복음 1장 21절에 나오듯이, "자기 백성을 그들의 죄에서 구원할 자"라는 의미이다. '그리스도'라는 칭호는 예수님의 이름이 아니라 직분을 나타내는 말이다. 문자적으로는 '기름 부음을 받은 자'라는 뜻이며, 예수님의 경우에는 선지자와 제사장과 왕을 동시에 가리키는 3중직을 의미한다(p.37-39).

3. "그의 유일하신 아들"이라는 말의 의미는?

예수께서 하나님 아버지와 영원 전부터 유일무이하고 독특한 사랑의 관계를 누리고 계시는 분이라는 의미이다. 아들이라고 해서 흔히 생각하는 출생 개념으로 생각하면 절대 안 된다(p.41-42).

4. '주'(主)라는 호칭이 뜻하는 바를 당시 시대적 상황을 고려하여 설명해 보라.

로마인들이 황제를 신격화하기 위해 이 호칭을 사용했다면, 당시 성도들은 예수님을 하나님으로 고백하기 위해 '주'(퀴리오스)라는 호칭을 사용한 것이다(p.42-43). 따라서 예수님을 '주'라고 고백할 때는 로마인들이 황제를 높이는 경외심보다 훨씬 큰 경외심을 가져야 한다.

1. 세례를 받았을 때(또는 입교했을 때) 사도신경의 내용대로 참된 신앙고백을 소유했다는 사실에 자부심을 느꼈는가? 또 현재 집행되는 세례식마다 수세자들을 위해 어떻게 기도하고 싶은가?

오래 전이라 정확하게 기억은 안 나지만 자부심을 느낀 것 같다. 현재는 세례식이 거행될 때마다 그리스도 안에서 성도가 탄생되었다는 사실에 감격한다. 또 수세자들이 더욱 새 생명 가운데 살아갈 수 있도록 간절히 기도하고 있으며 앞으로도 그렇게 할 것이다.

2. 예수께서 "우리 주" 되심을 내가 속한 공동체와 내 삶에 구체적으로 어떻게 실천해 보겠는가?

내가 속한 교회(또는 직장)에서 최고 결정권자가 예수 그리스도이심을 실천할 것이다. 성도(또는 구성원)들이 의견을 조율하는 과정이 예수님의 말씀에 근거하도록 여러 모로 노력할 것이다. 또한 내 삶에서도 나의 생각과 판단을 주관하시는 분이 예수님이심을 항상 의식할 것이다. 특히 은밀한 죄가 내 삶을 지배하여 예수님의 주 되심을 부인하지 않도록 각별하게 신경 쓸 것이다.

3. 그리스도를 믿는 '그리스도인'으로서 어떻게 살아갈지를 하이델베르크 32문답을 참고하여 자신의 언어로 대답해 보라.

먼저, 예수님의 이름을 증언하는 '선지자'로서 살아갈 것이다. 그리스도를 모르는 가족과 친구들에게 십자가의 복음을 지혜롭게 들려주고 싶다. 다음으로, 나 자신을 감사의 산 제물로 그분께 드릴 것이다. 나뿐만 아니라 모든 지체들이 함께 감사의 산 제물로 살아가도록 중보(도고)하는 '제사장'의 역할을 다할 것이다. 마지막으로, 십자가의 복음으로 세상을 다스리는 '왕'으로서 살아갈 것이다. 특히 성령의 능력으로 죄와 마귀를 대적하여 이 땅에 하나님의 주권을 실현해 나갈 것이다.

4. 예수께서 우리의 구원자이심을 일상 중에 얼마나 자주 말하고 있는가?

무엇보다 기도하는 중에 예수께서 우리의 구원자이심을 자주 고백한다. 소망 없는 이 세상을 품고 기도하다 보면, 우리의 유일한 구원자는 그리스도뿐이라는 고백이 저절로 나온다. 그리고 만나는 사람들과 대화하는 중에 예수님만이 우리의 구원자라는 사실을 말하려고 자주 노력한다.

내용 확인하기

제3강 p.60

1. 예수께서 우리와 같은 모양으로 성육신하신 이유를 설명해 보라(하이델베르크 17문답).

완전한 사람이 되셔서 그분의 인성(人性)에 우리의 죄와 하나님의 진노를 짊어지셔야 하기 때문이다. '하나님'이라는 본질 자체로 이 땅에 오시면, 그분의 공의로운 속성상 인간의 죄를 짊어지실 수 없다(p.52).

2. 성자 예수께서 나를 대신하여 당하신 죽음을 무엇이라고 표현하는가?

'대속적 죽음'(redemptive death)이라고 표현한다. 내가 받아야 할 끔찍한 진노의 형벌을 대신 받아 죽으셨기 때문이다(p.54).

3. 십자가의 죽으심 다음에 "장사된 지"라는 말을 덧붙이는 이유가 무엇인가?

하이델베르크 41문답에서 보듯이, 예수님의 죽으심이 의심할 여지없이 명백하다는 사실을 강조하기 위함이다(p.54).

4. 그리스도의 부활 사건이 어떤 맥락에서 우리의 부활이 되는지 설명해 보라.

우리가 그리스도의 죽으심에 연합되었듯이 또한 그분의 부활에도 연합한 자가 되었기 때문에(롬6:5), 그분의 부활이 우리의 부활이 되는 것이다. 따라서 그리스도께서 부활하신 것처럼 우리도 새 생명 가운데 그분과 함께 살아가고 있다(p.56).

1. 예수님의 성육신이 갖는 의미를 그분을 따르는 내 인생에 어떻게 적용해 보겠는가?

예수님의 성육신은 죄인을 향한 지고(至高)의 겸손함이자 전적인 자기희생이며 포기이다. 그렇다면 그분을 따르는 나 역시 하나님이 붙여 주시는 영혼들을 성육신의 마음으로 섬겨야 할 것이다. 내가 가진 재능과 재물과 기득권마저 그들의 인생을 살리는 방식으로 적극 활용해야 할 것이다.

2. 예수님이 나의 죄를 뒤집어쓰시고 십자가에 죽으셨음을 진정으로 믿고 있는가? 그 믿음이 나의 일상 가운데 어떤 영향을 미치고 있는가?

예수께서 나의 죄를 지시고 십자가에 죽으셨음을 진정으로 믿고 있다! 이 믿음 때문에 나의 일상이 죄악으로부터 점점 멀어지고, 하나님 나라와 교회를 향한 사랑으로 채워지고 있음을 느낀다. 내가 그리스도와 함께 십자가에 못 박혔기 때문에, 더 이상 나의 일상은 내 것이 아니라 그리스도께서 살고 계시는 현장이다.

3. 또한 예수께서 죄와 사망의 권세를 깨뜨리시고 영광스럽게 부활하셨음을 참으로 믿고 있는가? 부활의 믿음이 나의 인생에 어떤 영향을 미치고 있는가?

예수께서 죄와 사망의 권세를 깨뜨리시고 영광스럽게 부활하셨음을 참으로 믿고 있다! 부활의 믿음 때문에 내 인생에서 더 이상 절망이 찾아오지 않는다. 심지어 가족이나 지인들이 세상을 떠나도 영원한 천국에서 다시 만날 수 있다는 소망을 가질 수 있다. 더 나아가 영광스러운 부활에 함께 참여하도록 비신자들에게 복음을 전하려는 마음이 생겨난다.

4. 하나님 우편에 앉아 계신 예수께서 세상을 심판하러 오실 것을 정말로 믿고 있는가? 그렇다면 그날을 맞이하기 위해 현재 내가 어떤 마음으로 살아야겠는가?

하나님 우편에 앉아 계신 예수께서 장차 세상을 심판하러 오실 것을 정말로 믿고 있다! 그 심판은 그리스도를 모르는 자들에게는 끔찍한 것이지만, 우리에게는 영광스러운 순간이 될 것이다. 그럼에도 우리 또한 그리스도의 심판대 앞에 서게 될 것이기 때문에(고후5:10), 이 땅에서 거룩한 삶을 추구하며 주님을 기쁘시게 하는 자가 되기를 힘쓸 것이다.

내용 확인하기

제4강 p.81

1. "나는 믿습니다!"라는 말의 의미를 구체적으로 설명해 보라.

내가 하나님과 연합되어 있음을 믿는다는 의미이다. "나는 믿습니다"(Πιστεύω εἰς) 라는 헬라어 표현의 전치사(εἰς)가 이미 그런 뜻을 내포하고 있다(p.66-67).

2. 성령께서 하나님이심이 성경의 어느 본문에서 증거되고 있는가?

아나니아와 삽비라 사건을 담은 사도행전 5장 3-4절과, 흔히 '축도'(또는 '강복선언')라고 불리는 고린도후서 13장 13절 등에서 증거되고 있다(p.68).

3. 우리가 진정한 '가톨릭교회'라는 말이 무슨 의미인지 대답해 보라.

가톨릭교회(Catholic Church)라는 말은 '보편 교회'라는 뜻인데, 모든 계층과 모든 부류의 사람들을 다 포함하는 초대 교회를 가리키는 말이었다. 그런데 중세 1,000년을 지나면서 하나님의 말씀에서 벗어난 타락한 집단이 '가톨릭'이라는 용어를 고수하고 있어서 더 이상 우리가 이 말을 사용할 수 없게 되었다. 다시 말해, 그들은 명칭만 '가톨릭교회'일 뿐이다. 따라서 하나님의 말씀으로 개혁된 교회(Reformed Church)인 우리가 진정한 '가톨릭교회'이다(p.73-74).

5. "성도의 교제"가 무슨 뜻인지, 하이델베르크 55문답의 언어로 말해 보라.

첫째, 신자는 모두 한 지체로서 주 그리스도와 교제하며 그분의 모든 보화와 은사를 함께 나눈다는 뜻이다. 둘째, 각 신자는 자신의 은사를 다른 지체의 유익과 구원을 위해 기꺼이 사용할 의무가 있다는 뜻이다(p.75).

1. 일상 속에서 성령 하나님을 어떻게 인식하며 살고 있는가?

무엇보다 나의 일상을 거룩하게 빚으시는 '성화의 주님'(성화주)으로 인식하고 있다. 내 몸의 행실을 죽일 수 있는 능력을 주시며(롬8:13), 또 내가 기도할 때 말할 수 없는 탄식으로 내 기도를 도우셔서 하나님의 뜻대로 간구하게 하시는 분으로 인식하고 있다(롬8:26).

2. 거룩한 '공교회성'을 회복하기 위한 구체적인 실천 방안을 말해 보라.

교회 안에 모든 계층과 모든 부류의 사람들이 마음껏 들어올 수 있도록 해야 한다. 특정 부류의 사람들(e.g. 정치인, 경제인, 연예인 등)이 몰리는 기형적인 집단이 되지 말아야 한다. 오직 그리스도의 이름 하나로 아무런 차별 없이 마음껏 삼위 하나님을 예배하는 분위기가 되도록 전교회적으로 힘써야 한다. 물론 교회의 거룩성을 훼손하지 않는 범위 내에서 공교회성을 추구해야 한다.

3. "성도의 교제"를 실천해 본 경험을 서로 나누어 보라.

내가 가진 은사와 물질을 가지고 정말 힘든 성도들을 찾아다니며 섬긴 적이 있다. 적잖은 금액과 물품을 전달하면서도 전혀 아깝다는 생각이 들지 않았다. 하나님이 주신 은혜를 또 다른 지체에게 흘려보낸다는 생각 때문에 오히려 감사의 마음이 들었다.

4. "죄를 용서 받는 것"을 이미 경험한 성도로서 다른 사람의 "죄를 용서하는 것"을 어떤 수준으로 실천해야겠는가?

그리스도께서 우리를 용서하신 그 수준으로 실천해 보고 싶다. 그러나 말처럼 쉽지 않을 것이다. 파렴치한 범죄자를 향해 십자가의 사랑으로 용서를 표현하는 것 또한 오직 주님의 은혜로 가능할 것이다.

5. "몸의 부활과 영생"을 진정으로 믿으며 학수고대하고 있는가?

아멘, 몸의 부활과 영생을 진정으로 믿으며 학수고대하고 있다! 더 이상 죄도 고통도 없는 영광스러운 부활체를 입고 영원한 삶을 살게 될 그날이 가슴에 사무치도록 기다려진다.

참고문헌

국내서

김종두, 백금산. 『만화 사도신경』. 서울: 부흥과개혁사, 2008.

민중서림 편집국 편. 『민중 엣센스 국어사전(제6판)』. 파주: 민중서림, 2006.

유해무. 『개혁교의학』. 고양: 크리스챤다이제스트, 1997.

이승구. 『사도신경』. 서울: SFC, 2011.

번역서

웨스트민스터 총회. 『원문을 그대로 번역한 웨스트민스터 소교리문답』. 권율 역. 서울: 세움북스, 2018.

칼빈, 존. 『기독교 강요 1-4: 라틴어 원본 번역판(6권)』. 고영민 역. 서울: 기독교문사, 2006-2008.

하이델베르크 총회. 『문답식 하이델베르크 신앙교육서』. 황대우 편역. 부산: 고신대학교 개혁주의 학술원, 2013.

________________. 『하이델베르크 요리문답』. 독립개신교회 역. 서울: 성약, 2004.

국외서

Bauer, Walter. *A Greek-English Lexicon of the New Testament and Other Early Christian Literature*, Revised and edited by Frederick William Danker, 3rd. ed. Chicago: The University of Chicago Press, 2000.

Calvin, John. *Institutes of the Christian Religion*. Translated by Henry Beveridge. Peabody: Hendrickson Publishers, 2008.

Church of Scotland; Weſtminſter Aſſembly(1643-1652). *The Confeſſion of Faith, Together with The Larger and Leſſer Catechiſms*. Compoſed by the Reverend Aſſembly of Divines, Sitting at Weſtminster, Preſented to both Houſes of Parliament. London: Printed by E. M., for the Company of Stationers, 1658.

웹 자료

박소영. "살점 하나하나 다 아프지만 용서할게". 『한국일보』 2015년 6월. http://www.hankookilbo.com/v/c5407443eb8746518e72d911624fa19c.

All In One
Bible Study Series